BLV Intensivführer

Bezzel, Vögel, Band 1: Singvögel
Bezzel, Vögel, Band 2: Spechte, Eulen, Greifvögel, Tauben, Hühner u. a.
Gerhardt, Pilze, Band 1: Lamellenpilze, Täublinge, Milchlinge und andere Gruppen mit Lamellen
Wendelberger, Alpenpflanzen

BLV Bestimmungsbücher

1 Pilze
2 Farbige Pflanzenwelt
3 Meeresfische
4 Süßwasserfische
5 Aquarienfische
6 Heilpflanzen
7 Steine + Mineralien
8 Sterne + Planeten
9 Tierspuren
10 Pflanzen- und Tierwelt der Alpen
11 Bäume + Sträucher
12 Blumen am Mittelmeer
13 Pflanzen Europas
14 Hunderassen der Welt
15 Insekten + Weichtiere
16 Muscheln + Schnecken
17 Edelsteine und Schmucksteine
18 Katzenrassen der Welt
19 Säugetiere Afrikas
20 Wetterkunde für alle
21 Die Höhlen Europas
22 Bäume und Sträucher Europas
23 Vögel
24 Pferderassen der Welt
25 Orchideen Europas
26 Tierische Schädlinge
27 Aquarienpflanzen
28 Farne – Moose – Flechten
29 Gräser
30 Pflanzen der Tropen
31 Pilzführer
32 Tiere und Pflanzen an Mittelmeerküsten
33 Amphibien und Reptilien
34 Säugetiere

BLV Naturführer

103 Pilze
104 Vögel
105 Alpenblumen
106 Heimische Pflanzen 1
108 Aquarienfische
109 Mineralien + Gesteine
110 Heimische Pflanzen 2
111 Insekten
112 Säugetiere
113 Fische
114 Giftpflanzen – Gifttiere
115 Wasservögel – Strandvögel
116 Bäume + Sträucher
117 Bach – Fluß – See
118 Heilpflanzen
119 Wolkenbilder – Wettervorhersage
120 Schmetterlinge
121 Wald und Forst
122/123 Mein Hobby: Vögel beobachten
124/125 Mein Hobby: Steine sammeln
126 Sterne + Sternbilder
127 Versteinerungen
128 Wiesen und Felder
129 Hunde
130/131 Mein Hobby: Pflanzen kennenlernen
132 Pflanzen am Mittelmeer
133 Alpen
134 Strand und Küste – Wattenmeer
135/136 Mein Hobby: Schmetterlinge beobachten
137 Lebensraum Stadt

Weitere BLV-Naturbücher

Bateman, Tiere in der Landschaft
Bergmann/Helb, Stimmen der Vögel Europas
Bianchini/Corbetta/Pistoia, Der große BLV Heilpflanzenatlas
Cetto, Der große Pilzführer, Band 1–4
Edlin/Nimmo, BLV Bildatlas der Bäume
Eisenreich (Hrsg.), Der große BLV Naturführer
Keith/Gooders, BLV Vogelführer
Mottana/Crespi/Liborio, Der große BLV Mineralienführer
Nielsen/Hancke, Heilpflanzen in Farbe
Pacioni, Das neue BLV Pilzbuch
Schauer/Caspari, Der große BLV Pflanzenführer
Schütt u. a., So stirbt der Wald
Schuhmacher, Korallenriffe

In Vorbereitung:

Vögel 3 Taucher, Entenvögel, Reiher, Watvögel, Möwen u. a.

SPEKTRUM DER NATUR
BLV Intensivführer

Vögel

Band 2:
Spechte, Eulen, Greifvögel, Tauben, Hühner u. a.

Dr. Einhard Bezzel

Leiter des Instituts für Vogelkunde
Garmisch-Partenkirchen

BLV Verlagsgesellschaft
München Wien Zürich

CIP-Kurztitelaufnahme der Deutschen Bibliothek

Bezzel, Einhard:
Vögel/Einhard Bezzel. – München; Wien; Zürich: BLV Verlagsgesellschaft
(Spektrum der Natur)

Bd. 2. →Bezzel, Einhard: Spechte, Eulen, Greifvögel, Tauben, Hühner u[nd] a[ndere]

Bezzel, Einhard:
Spechte, Eulen, Greifvögel, Tauben, Hühner u[nd] a[ndere] / Einhard Bezzel. – München; Wien; Zürich: BLV Verlagsgesellschaft, 1984.
(Vögel/Einhard Bezzel; Bd. 2)
(Spektrum der Natur)
ISBN 3-405-12877-3

Satz und Druck: Georg Appl, Wemding
Bindung: Großbuchbinderei Monheim

Printed in Germany · ISBN 3-405-12877-3

Bildnachweis

Aichhorn: 153
Beyer: 82
Bezzel: 33 u, 68 ul, 68 ur, 69 ul, 69 ur, 72, 73, 95, 148
Bogon: 47
Danegger: 29 o, 59 o, 87 u, 114
Diedrich: 37, 66, 75
Fünfstück: 58, 94 o
Kögel: 19
König: 94 u
Labhardt: 59 u, 115
Limbrunner: 31, 39 o, 39 u, 55, 60 l, 60 r, 65, 81 u, 88, 89, 96, 105, 106, 107, 112, 116, 122, 129 o, 143 u, 152
Mönch/Angermayer: 103
Moosrainer: 113 o, 125 ur, 129 u
Pforr: 10 M, 20, 61, 64, 68 or, 84, 124
Plucinski: 49, 104, 132, 135
Pölking: 125 o, 125 ul, 140
Pott: 151 u
Quedens: 48, 57, 83
Reinhard: 29 u, 45 u, 67, 78, 81 o, 99, 111, 126
Schrempp: 10 u, 85, 142, 145 o
Schwammberger: 41, 43, 145 u, 149
Seitz: 56, 86, 87 o, 90, 91
Synatzschke: 10 o, 69 ol, 70, 74, 77, 102, 108, 113 u, 118, 119, 121 o, 131, 139
Trötschel: 79, 100 ol, 100 or, 100 u, 101 ol, 101 or, 101 u, 109, 141
Wendl: 143 o
Wothe: 68 ol, 69 or, 93, 123, 130, 133 u, 134, 136
Zeininger: 25, 33 o, 35 o, 42, 45 o, 51, 63, 71, 97, 117 o, 117 u, 121 u, 137, 138 l, 138 r, 144, 147 l, 147 r, 151 o
Ziesler: 27, 35 u, 53, 127, 133 o

Titelbild: Geord Quedens (Mäusebussard)
Schwarzweißzeichnungen: Franz Lechner
Sonagramme aus: Bergmann/Helb (1982), Stimmen der Vögel Europas, BLV Verlagsgesellschaft

Farbzeichnungen: Wilfried Weigel

Inhalt

Einführung

Band 1 dieser Reihe war den Singvögeln gewidmet. In diesem 2. Band werden Spechte, Eulen, Greifvögel, Tauben, Hühnervögel und einige Arten aus Familien zusammengefaßt, die vor allem in wärmeren Klimaten der Erde eine ungleich reichere Entfaltung erlebten als bei uns nördlich der Alpen. Zu dieser Gruppe zählen z. B. Eisvogel, Blauracke, Bienenfresser, Wiedehopf, Ziegenmelker, Mauersegler und der Kuckuck. Von ganz wenigen Ausnahmen abgesehen sind in diesem Band damit die wichtigsten Vertreter der Landvögel zusammengefaßt, die nicht zu den Singvögeln zählen. Der Eisvogel ist zwar vom Wasser abhängig, stammt jedoch aus einer Familie, in der sehr viele Vertreter insektenjagende Landvögel sind. Mit Ausnahme der Spechte sind nur ganz wenige der hier behandelten Vögel so vielseitig und eng an das Leben auf Bäumen und im Gebüsch angepaßt, wie das bei den meisten Singvögeln die Regel darstellt. Dafür treffen wir eine große Vielfalt von Anpassungen an ganz unterschiedliche Lebensräume und damit auch sehr starke Unterschiede in Größe und Form.

Während von den Singvögeln die meisten zu den Kleinvögeln zählen, die weniger als 100 g wiegen, haben wir es hier vor allem mit mittelgroßen bis sehr großen Vogelarten zu tun. Mit zunehmender Größe wächst allerdings der benötigte Lebensraum, vor allem bei Greifvögeln und Eulen, die von anderen Wirbeltieren leben. Viele Großvögel sind daher schon von Natur aus nicht häufig. Die Entwicklung unserer modernen Kulturlandschaft hat aber auch die Lebensbedingungen sehr stark verschlechtert, so daß viele Arten noch seltener geworden sind. Adler, Uhu, Auerhahn sind dem Namen nach zwar jedermann bekannt, doch gehört es zu den seltenen Glücksfällen, ihnen in freier Natur zu begegnen.

Wie im 1. Band werden auch hier die bei uns regelmäßig vorkommenden Arten zuzüglich einiger seltener Gäste abgebildet und beschrieben. Doch nur bei der Feststellung der Art, zu der ein Vogel gehört, soll es nicht bleiben. Jede Tier- und Pflanzenart spielt im Lebensraum, den sie bewohnt, eine Rolle und erfüllt bestimmte Aufgaben. Sie ist mit anderen Gliedern der Lebensgemeinschaft in vielfacher Weise verbunden. Einem kurzen Bericht aus dem Leben und über die besonderen Anpassungen einzelner Arten an ihre Umwelt ist daher ein großer Teil des Textes gewidmet. Damit soll auch da und dort ein Einblick in übergeordnete biologische Zusammenhänge möglich sein. Vogelforscher aus Leidenschaft haben nach wie vor eine wichtige Bedeutung in der Vertiefung biologischer Erkenntnisse. In vielen Ländern Europas arbeiten sie z. T. in großen Vereinigungen bei umfassenden wissenschaftlichen Programmen mit.

Aber auch die Verbreitung biologischer Kenntnisse in unserer Gesellschaft ist eine wichtige Aufgabe, die Vogelkundler übernommen haben. Wie wichtig diese Arbeit ist, zeigt sich täglich aus den Äußerungen vieler Entscheidungsträger. Ökologie, die Lehre vom Haushalt der Natur, ist für viele Menschen immer noch entweder ein unzuverlässiges politisches Programm oder ganz einfach ein grünes Gefühl. Den Wert einer Vogelart auf Heller und Pfennig auszurechnen und in politische Zielvorstellungen umzumünzen, ist sehr schwer, wenn das Unverständnis der Allgemeinheit nicht bald abgebaut wird.

Bestimmen und Beobachten der Vögel

In Band 1 (S. 7–9) sind einige wichtige Hinweise bereits zusammengestellt. Sie gelten grundsätzlich auch für die in diesem Band behandelten Vogelgruppen. Neben Größe und Gestalt liefern vor allem Farbmerkmale und ganz besonders das typische Verhalten wichtige Anhaltspunkte für das sichere Ansprechen freilebender Vögel. Doch auch die besten Bestimmungsbücher (Literaturverzeichnis Band 1, S. 186 und in diesem Band S. 155) wie auch die knappen Steckbriefangaben für die einzelnen Arten in diesen Bänden können lediglich kurz den Normalfall beschreiben und abbilden. Vögel sind Lebewesen, die sich nicht immer streng an ein Schema halten, sondern sich vor allem in ihrem Verhalten auch besonderen Umständen anpassen können. Grundsätzlich gilt, eine Artdiagnose möglichst nicht nur auf ein einzelnes Merkmal zu stützen und sich seiner Sache nicht immer sofort auf den ersten Blick sicher zu sein. Erstaunlicherweise geben gerade oft große und eigentlich auffallende Vögel immer wieder ausgesprochene Probleme bei der Bestimmung.

Einige in diesem Band behandelte Vogelgruppen bedürfen daher spezieller Hinweise. Wiedehopf, Eisvogel, Blauracke oder Bienenfresser sind Vogelgestalten, die eigentlich unverkennbar sind und keine Erkennungsprobleme bieten. Doch zu den schwierigen Fragen der Vogelkunde im Freiland zählt z. B. das sichere Ansprechen vieler Greifvögel. Einige von ihnen haben ausgesprochene Doppelgänger. So können sich z. B. Wespen-, Rauhfuß- und Mäusebussard außerordentlich ähnlich sein. Auch Adler zu bestimmen ist schwer, vor allem, weil der Beobachter in Mitteleuropa kaum Gelegenheit hat, sich hier im eigenen Land sichere Kenntnisse durch häufige Begegnungen zu erwerben. Die Weibchen und Jungvögel mancher Weihenarten sind auch bei besten Beobachtungsbedingungen kaum sicher voneinander zu unterscheiden. Bei vielen Greifvögeln muß man zudem mehrere Kleider berücksichtigen, vor allem bei solchen, die nicht schon im 2. Kalenderjahr geschlechtsreif werden. Die meisten Greifvögel sieht man viel häufiger im Flug als im Sitzen. Kenntnisse der Flugweise und des Flugbildes sind daher wichtige Voraussetzungen für das richtige Ansprechen. Wer hierin Erfahrung hat, ist oft in der Lage, schon aus großer Entfernung eine hieb- und stichfeste Diagnose abzugeben. Die beste Beobachtungszeit für segelfliegende Greifvögel sind die späten Vormittagsstunden an sonnigen Tagen, wenn sich bereits Thermiken entwikkelt haben, die von den z. T. perfekten Segelfliegern ausgenutzt werden können.

Ganz anders verhält es sich mit Eulen. Ihre Anwesenheit ist am besten mit Hilfe der Stimmen festzustellen. Man kann hierbei Tonbandaufnahmen verwenden, um zur Zeit der Revierbesetzung und Paarung im Spätwinter oder Vorfrühling Antworten zu provozieren. Doch hat sich herausgestellt, daß manche Arten allzu intensive Tonbandreizung als Störung empfinden und sogar abwandern. Über die günstigsten Perioden der Eulengesänge nach Helligkeit und Jahreszeit erhält man am besten durch Exkursionen oder/und das Studium der Spezialliteratur Informationen, die sich dann für die Nachsuche und Bestandsaufnahme verwerten lassen. Ähnlich verhält es sich mit dem Ziegenmelker, dessen Anwesenheit sich an Brutplätzen sehr gut akustisch feststellen läßt, wenn Jahres- und Tageszeit, aber vor allem auch die Witterung »stimmen«. Die beste Beobachtungszeit für Spechte ist, vom spät zu uns zurückkehrenden Wendehals einmal abgesehen, der Vorfrühling, wenn die Ruf- und Trommelfreudigkeit am größten ist und die noch kahlen Laubbäume ein gutes Beobachten erlauben. In dieser Zeit, wenn das Vogelleben noch nicht so reichhaltig ist und uns mehr Zeit läßt, empfiehlt es sich auch, den Standort von Greifvogelnestern im Wald zu kartieren, um später im Jahr einmal Nachschau zu halten. Lohnend ist häufig auch die Kontrolle alter Spechthöhlen. Man kann damit nicht nur die Brutplätze mancher zur Brutzeit oft recht ruhigen Spechtarten leichter ermitteln, sondern entdeckt mitunter auch die späteren Bruthöhlen von Rauhfußoder Sperlingskauz, von Hohltaube, Wendehals und manchen Singvögeln im Wald (über das Verhalten an Nistplätzen gefährdeter Vogelarten s. S. 53).

Sehr schwer zu entdecken sind die meisten unserer Hühner, zumal außerhalb der Balzzeit. Eine Wachtel gut zu Gesicht zu bekommen ist z.B. ein ausgesprochener Glücksfall. Bei Rauhfußhühnern kommt dazu, daß sie bei uns fast ausnahmslos recht selten geworden sind oder nur in ganz speziellen Lebensräumen anzutreffen sind.

Manche der in diesem Band vorgestellten Arten sind also nicht so bequem in der nächsten Nähe des Menschen zu beobachten, wie dies bei vielen unserer heimischen Singvögel möglich ist.

Systematischer Überblick

Ordnung Greifvögel – Falconiformes

In fast 290 Arten sind Greifvögel über die ganze Erde verbreitet. Unterschiede im Körperbau und in der Lebensweise führten allerdings dazu, daß man sie verschiedenen Familien zurechnet. Allerdings sind die Wissenschaftler über die Art der Einteilung verschiedener Auffassung. So werden z.B. nicht selten heute die Greifvögel in 2 Ordnungen gegliedert, wobei die Falken als eigene Ordnung (Falconiformes) den übrigen Greifvögeln (Accipitriformes) gegenübergestellt werden. Hier ist eine möglichst einfache Gliederung gewählt, die den Überblick vor allem über die in Europa vorkommenden Arten erleichtert.

Die meisten Greifvögel sind tagaktive Wirbeltierjäger; einige Arten leben auch – zumindest in bestimmten Jahreszeiten – vorwiegend von Insekten (z.B. Wespenbussard, einige Falken). Aas und Abfälle bilden die Nahrung der Geier. Einige weitere Arten, wie z.B. Milane, leben großenteils von Aas, das auch von typischen Wirbeltierjägern zumal in Notzeiten nicht verschmäht wird. Die Beute wird mit den Füßen gegriffen, die daher in der Jägersprache auch gern als Fänge bezeichnet werden. Typische Beutegreifer (z.B. Adler, Habicht) besitzen lange, spitze und nach unten gebogene Krallen. Der Schnabel ist kräftig und mit scharfen Schneidekanten versehen, der Oberschnabel dabei meist zu einer auffälligen Reißhakenspitze nach unten gebogen. Damit wird der Schnabel zu einem hervorragenden Werkzeug für das Zerkleinern und Zerschneiden der Beute. Getötet werden Beutetiere meist durch den kräf-

tigen Druck der Zehen und Krallen. Die Basis des Schnabels wird von einer weichen, oft sehr auffällig gefärbten Wachshaut überzogen, die auch noch die Nasenlöcher umschließt.
Viele Merkmale haben Greifvögel mit den überwiegend nachts jagenden Eulen gemeinsam. Ob aber die Eulen tatsächlich den Greifvögeln im natürlichen System so ferne stehen, wie man bisher immer annahm, ist bis jetzt noch nicht eindeutig bewiesen. Durch gleiche oder ähnliche Lebensweise bedingte Übereinstimmungen im Körperbau sind außergewöhnlich schwierig stammesgeschichtlich zu beurteilen.
Die kleinsten europäischen Greifvögel sind Merlin und Sperbermännchen, die größten Adler und Geier. Bei vielen Arten sind die Weibchen deutlich größer als die Männchen, besonders auffallend bei Sperber und Habicht. Dies hängt möglicherweise mit der Rolle zusammen, die die Partner eines Paares beim Brutgeschäft spielen. Die Bebrütung des Geleges besorgt ganz oder hauptsächlich das Weibchen, während das Männchen Beute heranschafft. Die Jungen sind typische Nesthokker und tragen im Laufe ihrer Nestlingszeit 2 verschiedene Dunenkleider. In den ersten Lebenstagen und Wochen bleibt das Weibchen meist am Nest, hudert und bewacht die Jungen und zerteilt die vom Männchen herbeigeschaffte Beute. Die Jungen müssen nicht nur bis zum Ausfliegen gefüttert werden, sondern bleiben meist auch noch ziemlich lange nach dem Ausfliegen von den Eltern abhängig (Bettelflugperiode). Wahrscheinlich dauert es eben sehr lange, bis die Jungen die schwierige Jagd auf lebende Beute so perfekt erlernen, daß sie sich dann selbst durchschlagen können.
Viele Greifvögel sind von Natur aus nicht häufig, da sie große Reviere benötigen, um sich und ihre Brut ausreichend ernähren zu können. Das gilt vor allem für Adler. Aber auch Mäusebussard, Habicht, Sperber verteidigen große Brutreviere bzw. Nahrungsgebiete. Die meisten Arten haben und benötigen auch keine sogenannten »natürlichen Feinde« für die Regulierung ihres Bestandes. Relativ geringe Nachwuchszahl und vor allem großer Platzbedarf regulieren den Bestand. Große Greifvögel, wie z.B. Adler, haben oft nur 1 Junges. Dazu kommt, daß bei hochspezialisierten Jägern die Konkurrenz zwischen Artgenossen, aber auch zwischen Angehörigen verschiedener Arten, die auf die gleichen Beutetiere jagen, recht groß ist. So ist dafür gesorgt, daß sich die Bestände entsprechend dem Nahrungsangebot einpendeln.
Vögel mit spezialisierter Ernährung, geringer Nachwuchszahl, großem Platzbedarf und daher geringem Bestand sind besonders empfindlich gegenüber Veränderungen des Lebensraumes und Verfolgung durch den Menschen. Jahrhundertelang wurden Greifvögel z.T. rücksichtslos verfolgt als vermeintliche »Schädlinge« für Wild- und Haustiere. In den letzten Jahrzehnten sind dazu noch Zerstörungen und ungünstige Veränderungen von Lebensräumen hinzugekommen und schließlich hat vor allem die weitverbreitete und unbekümmerte Anwendung von langlebigen Umweltgiften in den Jahrzehnten nach dem Zweiten Weltkrieg in manchen Ländern katastrophale Bestandseinbrüche bei den Greifvögeln zur Folge gehabt. Als Endglieder von Nahrungsketten waren viele Arten (z.B. Seeadler, Steinadler, Wanderfalke, Habicht) in manchen Gegenden gewissermaßen die Sammeldepots von Pestiziden. Gesetzliche Schutzmaßnahmen, wie Verbote des Abschießens und des Aushorstens, aber auch verschärfte Bestim-

Die Gewölle am Waldboden unter einer Fichte verraten den Tageseinstand der Waldohreule, der offensichtlich längere Zeit benutzt wurde.

Die walzenförmigen Gewölle bestehen aus den zusammengepreßten Haaren der Beutetiere; 2 Unterkiefer von Mäusen sind zu erkennen.

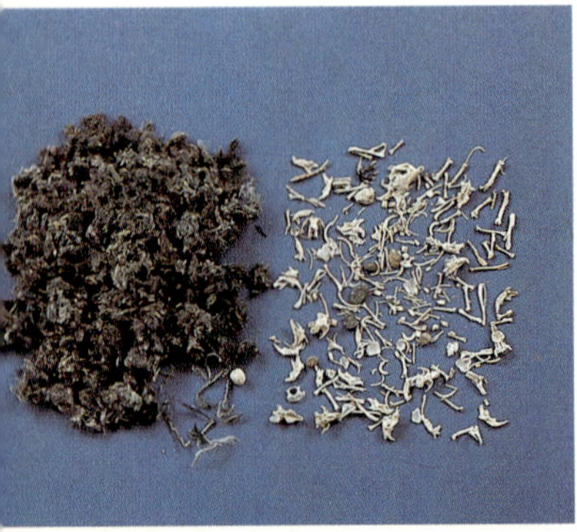

Ein Gewölle sorgfältig zerlegt: Zahlreiche spitze Knochen waren im Haarfilz eingebettet. Die Bestimmung der Beutetiere kann beginnen.

mungen zur Anwendung von Umweltgiften haben in letzter Minute manche Arten noch retten können. Erste kleine Erfolge der verbesserten Schutzbestimmungen in ganz Europa machen sich bemerkbar. Gleichwohl sind z. B. in der Bundesrepublik Deutschland in diesem Jahrhundert 2 Arten als Brutvögel ausgestorben und von den verbleibenden 14 Greifvogelarten nur 2, nämlich Turmfalke und Mäusebussard, derzeit nicht bedroht. 3 Arten gelten als potentiell bedroht, 3 als bedroht, 1 als stark bedroht und 5 stehen noch immer kurz vor dem Aussterben.

Familie Habichtartige – Accipitridae

Ganz verschiedene Formen werden in dieser Familie zusammengefaßt, wie auch die deutschen Namen für einzelne Gruppen beweisen.
Zu den größten Arten zählen die Geier (S. 33), die allerdings in Mitteleuropa heute nur seltene Gäste sind. Lange, meist brettartige Flügel, kurzer Schwanz und kleiner, nackter Kopf sind typische Kennzeichen. Die Geier sind Segelflieger, die oft stundenlang in großer Höhe ohne einen Flügelschlag segeln und hervorragend Aufwindströmungen für energiesparenden Flug nutzen können. In Europa leben 4 Arten, von denen Gänsegeier, Mönchsgeier und Schmutzgeier ins allgemeine Schema passen, der relativ schlanke Bartgeier aber eine gewisse Sonderstellung einnimmt. Alle Arten leben von Aas und z. T. vom Abfall; der Bartgeier findet sogar auch an Knochen Genießbares.
Geier leben in wärmeren Ländern, vorzugsweise in gebirgigen Gegenden. Sie sind daher vor allem in Afrika und Südasien weit verbreitet. Die Geier Mittel- und Südamerikas, die sog. Neuweltgeier, unter denen der Kondor der bekannteste ist, sind mit den altweltlichen Geiern nicht näher

verwandt, ja man hat sogar Hinweise, daß sie überhaupt nicht zu den Greifvögeln zählen, sondern den Störchen näherstehen.
Den Geiern an Größe nahe kommen die Adler. Allerdings sind nicht alle großen Greifvögel, die wir mit der deutschen Bezeichnung Adler belegen, hierher zu zählen. »Echte« Adler sind eigentlich nur die Angehörigen der Gattung *Aquila,* z.B. Stein-, Schell- oder Schreiadler (S.33, 53), große, dunkle Greifvögel mit mächtigem Hakenschnabel, hervorragende Segelflieger und Flugjäger. Die einzelnen Arten gleichen sich aber sehr, so daß sie trotz ihrer Größe außerordentlich schwer zu bestimmen sind. Ihnen sehr ähnlich ist der mächtige Seeadler (S.30), der bundesdeutsche Wappenvogel, der größte unserer adlerartigen Greifvögel. Der nur in warmen Gebieten lebende Schlangenadler (S.32) gleicht oberflächlich eher einem Bussard. Der Fischadler (S.54) wird wegen einiger von allen anderen Greifvögeln abweichenden Merkmale und anderer Lebensweise oft sogar in eine eigene Familie gestellt.
Verkleinerte Ausgaben der Adler sind die Bussarde (S.46–50), die ebenfalls breite Flügel besitzen und sehr oft im Segelflug zu beobachten sind. Schnabel und Greiffüße sind aber im Verhältnis deutlich kleiner und schwächer, so daß meist nur kleine Säugetiere zu ihrer Beute zählen. Der Wespenbussard (S.24) nimmt eine Sonderstellung ein, obwohl er im Flug dem Mäusebussard manchmal zum Verwechseln ähnlich sein kann.
Milane (S.26–29) sind etwa bussardgroße Greifvögel, besitzen jedoch längere Flügel und vor allem einen langen, meist mehr oder minder deutlich gegabelten Schwanz. Sie leben großenteils von Aas und Abfällen und am Wasser von kranken oder toten Fischen.

Kleinsäuger lassen sich an Hand ihrer Zähne bestimmen. Oben: Unterkiefer einer Wühlmaus mit typischem Nagergebiß; unten: Spitzmäuse erkennt man an den nadelscharfen Zähnen, die für Kleintierjäger charakteristisch sind.

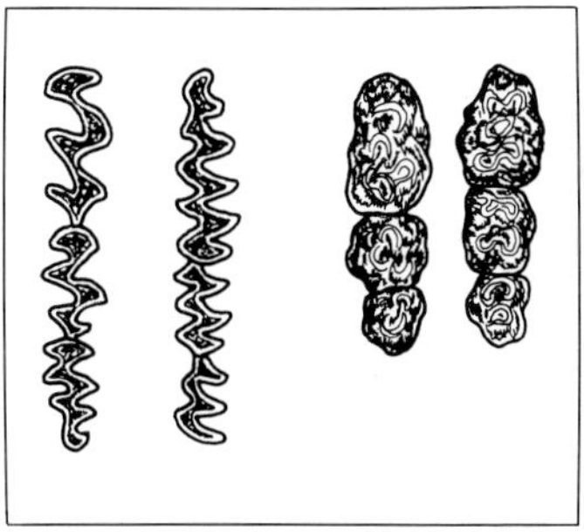

Die Schmelzkronen der Backenzähne zweier Mäuse unter der Lupe von oben gesehen. Links die Kaufläche einer Wühlmaus (z.B. Feldmaus) mit Schmelzschlingen; rechts die Zahnhöcker einer Langschwanzmaus (z.B. Haus- oder Waldmaus).

Noch schlanker sind die Weihen (S.34–39), die gewöhnlich niedrig über dem Boden im gaukelnden Flug jagen und als einzige europäische Greifvögel regelmäßig am Boden oder im Schilf ihr Nest anlegen. Ihre Brutplätze sind in Mitteleuropa heute fast überall bedroht.
Habicht und Sperber (S.40–45) stellen einen besonderen Jagdtyp dar, der vor allem die Überraschungsjagd zur Perfektion entwickelt hat. Mit kurzen, relativ runden Schwingen und einem langen Schwanz als Steuer können sie auch zwischen Bäumen geschickt jagen und auf

kurzer Strecke mit kräftigen Flügelschlägen sehr stark beschleunigen. Die Männchen sind deutlich kleiner als die Weibchen.

Familie Falken – Falconidae

Falken (S. 56–67) sind kleine bis mittelgroße Greifvögel mit sehr spitzen Flügeln, rundem Kopf und großen dunklen Augen. Einige von ihnen, wie z.B. Baum- und Wanderfalke, können mit Spitzengeschwindigkeiten von weit über 100 km/h auf fliegende Objekte herunterstoßen. Die rasante Flugjagd war auch der Grund, weshalb in Europa im Mittelalter und heute noch im Orient Falken zur Jagd abgerichtet wurden (Falkenbeize).

Gemeinsam ist allen Falken ein zahnartiger Vorsprung an der Kante des Oberschnabels (»Falkenzahn«), der eine wichtige Rolle beim Töten der Beute durch einen Biß in den Nacken spielt. Im Unterschied zu anderen Greifvögeln bauen Falken niemals Nester. Sie legen ihre Eier auf Felsbänder, in kleine Höhlungen, Mauerlöcher, aber auch in verlassene Nester anderer Vögel.

Ordnung Hühnervögel – Galliformes

Hühner sind vor allem an das Bodenleben angepaßt und können hervorragend laufen. Sie besitzen kräftige Schnäbel, die etwas gebogen sind, und starke Beine mit meist relativ langen Zehen. Die Hinterzehe sitzt etwas höher als die 3 Vorderzehen. Die kurzen, runden Flügel tragen mehr oder minder stark gebogene Schwungfedern. Sie liegen daher dem Körper eng an. Fast alle Arten fliegen mit schnellen, kräftigen Flügelschlägen bevorzugt niedrig über dem Boden. Oft ziehen sie bei Gefahr zunächst die Flucht zu Fuß vor. Bei manchen Hühnern tragen beide Geschlechter (z.B. Rebhuhn, Wachtel, Schneehuhn), bei anderen zumindest die Hennen (z.B. Auer- und Birkhuhn) tarnfarbiges Gefieder, so daß sie sich sehr gut am Boden in der Vegetation verstecken können. Die Wachtel ist ein echter Zugvogel; alle anderen Arten sind Stand- oder höchstens Strichvögel.

Die Nahrung besteht hauptsächlich aus Pflanzenteilen und Sämereien; nur die Jungen sind in den ersten Lebenstagen und -wochen größtenteils auf Insektennahrung angewiesen. Die Nahrung wird großenteils vom Boden aufgenommen; sie wird mit den Füßen ausgescharrt oder mit dem Schnabel ausgegraben. Allerdings spielt sich nicht das ganze Leben der Hühner auf dem Boden ab; manche Arten baumen zum Übernachten gerne auf. Im Winter spielt auch von Bäumen abgezupfte Nahrung (z.B. Knospen, Nadeln) bei manchen Arten eine wichtige Rolle.

In Anpassung an die schwerverdauliche Pflanzennahrung haben Hühner einen großen Kropf, in dem Nahrungsbestandteile gesammelt und aufgeweicht werden. Ein kräftiger Muskelmagen, in den fast immer auch harte Steinchen aufgenommen werden, besorgt die mechanische Zerkleinerung. In den besonders groß entwickelten Blinddärmen findet die Endverdauung mit Hilfe von Bakterien statt.

Bei manchen Hühnern halten die Paare ein Leben lang zusammen (z.B. Rebhuhn) oder zumindest eine Brutsaison (z.B. Schneehuhn). Der prächtige Fasanengockel hält sich dagegen einen Harem, und die auf einer Arena balzenden Auer- und Birkhähne kennen überhaupt keine eheliche Bindung. Bei ihnen treffen sich die Geschlechter nur auf dem Balzplatz, und die Hennen sorgen allein für Bebrütung des Geleges und die Aufzucht der Jungen. Die Nester der Hühner liegen immer auf dem Boden, meist hervorragend ver-

steckt. Die Tarnfarbe des brütenden Weibchens ist ein zusätzlicher Sichtschutz.
Die Jungen sind reine Nestflüchter. Sie können schon kurz nach dem Schlüpfen herumlaufen und suchen nur zum Aufwärmen das Bauchgefieder der Henne auf. Sie sind mit einem dichten, tarnfarbigen Dunenkleid ausgestattet und können sich hervorragend verstecken. Ihre Nahrung suchen sie meist nach »Anleitung« der Henne selbst. Einen zusätzlichen Schutz bildet eine bemerkenswerte Entwicklung: Die Schwungfedern eilen dem Wachstum des übrigen Gefieders stark voraus, so daß halbwüchsige Küken schon recht gut fliegen und sich bei Gefahr in Sicherheit bringen können. Trotz vieler sinnvoller Anpassungen sind aber ganz offensichtlich die Verluste an Gelegen und Jungvögeln der bodenbewohnenden Hühner hoch, so daß auch bei den großen Arten das Gelege meist mehr als 5 Eier, bei den kleinen sogar oft über 10 Eier umfaßt.
In etwa 250 Arten sind Hühnervögel auf der ganzen Welt verbreitet. Von den als Haustiere gehaltenen Arten stammen der Pfau aus Südasien und ebenso die Stamm-Mutter der Haushühner, das Bankivahuhn. Das Perlhuhn stammt aus Afrika und das Truthuhn aus Nordamerika. Wildtruthühner sind aus jagdlichen Gründen in manchen Gebieten Mitteleuropas eingebürgert worden. Auch der Fasan, heute unser häufigstes Feldhuhn, stammt aus Asien und wurde in einer langen und wechselvollen Geschichte eingebürgert (S. 86). Viele weitere Fasanenarten werden als Ziergeflügel gehalten (z. B. Goldfasan, Diamantfasan usw.).
Die in Europa wildlebenden Hühnervögel lassen sich in 2 Gruppen einteilen, die manchmal auch als eigene Familien betrachtet werden. Zu den Rauhfußhühnern zählen Haselhuhn, Alpenschneehuhn, Birkhuhn und Auerhuhn (S. 70–79). Der merkwürdige Name bezieht sich auf die Tatsache, daß die Beine dieser Hühnervögel alle mehr oder weniger stark befiedert sind. Zudem tragen die Zehen, zumindest im Winterhalbjahr, oft noch Hornstifte. Diese Fußbefiederung gilt als Anpassung an schneereiche und winterkalte Lebensräume (S. 72). Mit z. T. recht einseitiger Pflanzennahrung (z. B. Koniferennadeln) können sich Rauhfußhühner durch den Winter schlagen. Alle Arten sind bei uns bedroht, da ihr Lebensraum zunehmend schrumpft.
Zu den Feld- oder Glattfußhühnern zählen Steinhuhn, Rebhuhn, Wachtel und Fasan (S. 80–87). Sie sind meist deutlich kleiner als Rauhfußhühner und besitzen keine befiederten Läufe. Im Unterschied zu den Rauhfußhühnern leben sie in der offenen Landschaft und nie im Wald. Für Rebhuhn und Wachtel hat die Entwicklung der modernen Landwirtschaft große Überlebensprobleme geschaffen. Der Fasan hat sich heute fast in allen landwirtschaftlich genutzten Gebieten Mitteleuropas ausgebreitet, kann sich aber an manchen Orten nur durch Aussetzen von Gefangenschaftsvögeln auf Dauer halten.

Ordnung Columbiformes – Tauben

Nur 4 Arten (S. 88–97) brüten in Mitteleuropa. Als 5. Art könnte man noch die in fast allen Städten bei uns weitverbreitete Straßentaube anführen, die aber von verwilderten Haustauben abstammt, deren wildlebender Vorfahr, die Felsentaube, vor allem in Südeuropa und Asien lebt. Weltweit aber kennt man über 300 Taubenarten; die meisten von ihnen leben in den Tropen.
Tauben sind eigentlich Baumvögel, die allerdings den größten Teil ihrer

Nahrung am Boden aufnehmen und auch manchmal an Felsen (bzw. Häusern) ihre Nester bauen. Einige eigenartige Körpermerkmale sind nur bei dieser Vogelordnung zu finden. Da ist einmal der Schnabel, bei dem nur die Spitzenhälfte fest verhornt ist. Die Basis wird von einer geschwollenen Haut gebildet, in der die schlitzförmigen Nasenlöcher liegen. Beim Trinken schöpfen Tauben nicht wie die meisten Vögel etwas Wasser, um es dann mit erhobenem Kopf in die Speiseröhre hinunterrinnen zu lassen, sondern tauchen den Schnabel in die Flüssigkeit und saugen in langen Zügen. Das Gefieder der Taube fühlt sich oft etwas »mehlig« an. Es ist von einem feinen, fast wachsartigen Puder überzogen, der von besonderen Federn gebildet wird.
Wie die Hühnervögel leben auch Tauben in erster Linie vegetarisch und besitzen wie die Hühner einen großen Kropf, der aber nicht nur zur Speicherung der Nahrung dient. Kurz vor dem Ende der Bebrütung des Geleges bilden sich unter dem Einfluß eines bestimmten Hormons in der Innenwand des Kropfes viele Zellen, die dann allmählich abgestoßen werden und eine weißliche, quarkähnliche Masse bilden, die sogenannte Kropfmilch. Untersuchungen haben gezeigt, daß sie im Nährstoffgehalt, aber auch in der Zusammensetzung der Stoffe der Milch der Säugetiere recht ähnlich ist, also eine hervorragende Jungennahrung darstellt. Die Jungen, hilflose Nesthocker, werden zunächst einige Tage lang ausschließlich mit dieser Kropfmilch gefüttert; sie stecken den Schnabel tief in den Rachen des Altvogels. Erst später werden dann allmählich zarte Sämereien zugefüttert.
Tauben bauen meist sehr dürftige Nester aus nur wenigen Zweigen. Ihr Gelege besteht fast immer aus 2 weißen Eiern.

Ordnung Cuculiformes – Kuckucksvögel

Rund 130 Kuckucksarten gibt es; die meisten leben in den warmen Zonen der Alten und Neuen Welt. Nur 52 von ihnen aber sind wie unser europäischer Kuckuck Brutparasiten, legen also ihre Eier in fremde Nester. Manche amerikanische Arten bilden Brutgemeinschaften, bei denen mehrere Weibchen zusammen leben. Auch sonst unterscheiden sich die zu dieser Ordnung zählenden Vogelgruppen sehr stark. Während z.B. die meisten Kuckucke von Insekten und deren Larven leben, ernähren sich einige tropische Arten fast ausschließlich von Früchten. In Europa brüten nur 2 Kuckucksarten, neben unserem bekannten und weitverbreiteten Kuckuck (S.98–101) in Südeuropa noch der Häherkuckuck, der seine Eier vor allem in Elsternester ablegt. In letzter Zeit hat der Häherkuckuck sein Brutgebiet in Europa etwas erweitert und ist als Irrgast auch gelegentlich schon in Mitteleuropa erschienen.

Ordnung Strigiformes – Eulen

Wie Greifvögel sind auch Eulen überwiegend Wirbeltierjäger, jedoch meist dämmerungs- und nachtaktiv. Bei einigen kleineren Arten (z.B. Steinkauz, Zwergohreule) spielen auch Insekten in der Ernährung eine große Rolle. Ein gekrümmter, an der Basis mit einer Wachshaut (s.S.9) überzogener Schnabel und kräftige, mit langen, spitzen Krallen bewehrte Greiffüße sind gemeinsame Merkmale von Greifvögeln und Eulen. Sonst ergeben sich allerdings große Unterschiede in Lebensweise und Körperbau zwischen beiden Vogelordnungen.
Typisch für Eulen ist der dicke Kopf, in dem meist sehr große Augen, im Unterschied zu anderen Vögeln nach vorne gerichtet, sitzen. Das Ge-

sichtsfeld dieser wenig beweglichen Augen wird durch ein erstaunliches Drehvermögen (bis 270°) des Kopfes ausgeglichen. Neben den großen Augen bestimmt der sogenannte Schleier das Gesicht einer Eule. Mit diesem Ausdruck bezeichnet man einen meist mehr oder minder trichterförmigen Federkranz um jedes Auge. Er wirkt wie ein Schalltrichter, der die auftreffenden Schallwellen bündelt. Bei vielen Eulen ist das Gehör ausgezeichnet entwickelt und spielt eine große Rolle bei der nächtlichen Jagd. Allerdings haben die bei manchen Arten (z.B. Uhu, Waldohreule) auffälligen kleinen Federohren, die bei Erregung aufgestellt werden, nichts mit dem Ohr zu tun. Die Eingänge zum Gehör liegen im dichten Federkleid verborgen an den Seiten des Kopfes. Bei manchen Arten ist das Gehör asymmetrisch ausgebildet. Dies führt dazu, daß durch Unterschiede in der Schallwahrnehmung zwischen linkem und rechtem Ohr die Schallquelle, z.B. ein im Laub des Waldbodens raschelndes Beutetier, gut geortet werden kann.

Das Federkleid der Eulen fühlt sich außerordentlich weich an, weil die einzelnen Federstrahlen frei verlängerte Enden besitzen. Diese feinen Fädchen bilden einen weichen Überzug der Federoberfläche, der beim Flug geräuschdämmend wirkt. Zusätzlich ist die Außenfahne der äußersten Handschwingen bei den meisten Arten mit einer Sägekante versehen, so daß die durch die Luft gezogenen Flügel kaum ein Fluggeräusch erzeugen. Der lautlose Eulenflug bildet ein wichtiges Überraschungsmoment für Beutetiere. Außerdem ermöglicht er den Eulen ihr Gehör optimal einzusetzen (vgl. S.119).

Ähnlich wie bei den Greifvögeln sind auch bei Eulen die Weibchen etwas größer als die Männchen, doch sind im Freiland die Unterschiede kaum zu erkennen. Euleneier sind relativ kurz und kugelig und von weißer Farbe. Ein Nest wird wie bei den Falken nicht gebaut. Für die Ablage der Eier sind Eulen daher auf alte Nestunterlagen anderer Vögel (z.B. Waldohreule, s.S.114) angewiesen. Viele Arten legen auch ihre Eier in Baumhöhlen und Mauerlöchern ab (vgl. Steinkauz S.108, Waldkauz S.110, Rauhfußkauz S.118, Sperlingskauz S.106) oder brüten in Felsnischen oder auf Felsbändern, z.B. Uhu (s.S.104); die Sumpfohreule (S.116) legt ihre Eier auf den Boden.

Der Speisezettel der Eulen ist uns nicht zuletzt durch sorgfältige Untersuchungen von Rupfungen und Gewöllen bekannt (s.S.10). Unter Gewölle versteht man einen Speiballen, der unverdauliche Nahrungsreste enthält. Bei den Eulen sind sie schwarz bis grau, mehr oder minder walzenförmig und je nach Größe der Eulenart etwa 2 bis maximal fast 10 cm lang. Solche Gewölle sind keineswegs nur für Eulen typisch, sondern bei vielen Vogelgruppen weit verbreitet, z.B. den Greifvögeln, aber auch Fischjägern (z.B. dem Eisvogel) und Insektenfressern (z.B. viele Singvögel). Bei den Eulen jedoch sind die Gewölle durch eine enge Verfilzung der Haare nicht nur besonders widerstandsfähig und zerfallen daher nicht so rasch; sie enthalten darüber hinaus auch, zumindest zu bestimmten Jahreszeiten, Knochen der Beutetiere erstaunlich vollständig. Dies ist besonders für die Ermittlung von Kleinsäugern (Mäusen, Spitzmäusen usw.) von Bedeutung, da sich die einzelnen Arten vor allem an den Zähnen sicher bestimmen lassen.

Insgesamt gibt es auf der Welt etwa 146 Eulenarten in allen Erdteilen verbreitet. Wegen mancherlei Besonderheiten werden die Schleiereulen als eigene Familie (Tytonidae) von den übrigen Eulen (Strigidae) abgetrennt.

Ordnung Caprimulgiformes – Nachtschwalben

Von diesen großäugigen Dämmerungs- und Nachtvögeln lebt nur eine einzige Art in Mitteleuropa; insgesamt kennt man auf der Welt, fast ausschließlich auf warme Gebiete begrenzt, rund 103 Arten mit sehr unterschiedlicher Lebensweise. Die eigentlichen Nachtschwalben sind bodenbrütende Insektenjäger mit einem eulenartig weichen Gefieder und hervorragender Tarnfarbe. Die Bezeichnung »Schwalbe« hat natürlich nichts mit näherer Verwandtschaft zu den Schwalben zu tun, sondern bezieht sich auf die langen spitzen Flügel und auch auf die Art der Jagd auf fliegende Insekten. Im breiten Kopf hat ein großer Mundspalt Platz, der sich kurz vor einem fliegenden Insekt zu einem riesigen Rachen öffnet und gewissermaßen wie ein Insektenfangnetz wirkt.

Ordnung Segler – Apodiformes

Segler sind die am extremsten dem Luftleben angepaßten Vögel. Sie kommen nur ausnahmsweise auf den Boden und verbringen nur während des Brütens und zur Übernachtung längere Zeit auf einer festen Unterlage. Beim Mauersegler allerdings hat man herausgefunden, daß viele Vögel auch teilweise in der Luft übernachten (s. S. 123). Typische Segler sind dunkel gefärbt, manche Arten haben weiße Abzeichen. Wie bei den Nachtschwalben ist ihr Kopf ziemlich breit und flach, der Schnabel sehr kurz und breit, die Mundspalte setzt sich noch weit darüber hinaus fort. So kann ein großer Rachen als Insektenkescher aufgeklappt werden. Die Füße sind kurz und als Klammerfüße ausgebildet. Mit den Schwalben haben Segler nur ganz grobe Ähnlichkeit, bedingt durch gleiche Lebensweise, nämlich Insektenfang im Flug. Bei fast allen Arten sind die Speicheldrüsen stark entwickelt. Der Speichel wird zum Nestbau verwendet. Bei den Salanganen in Südostasien bestehen die Nester sogar ganz aus erhärtetem Speichel, die sogenannten »eßbaren Schwalbennester«. Die jungen Segler sind extreme Nesthocker, die es sich nicht leisten können, einmal zur Probe kurz das Nest zu verlassen. Sie müssen vom ersten Tag an voll flugfähig und in der Lage sein, Insekten in der Luft zu fangen. Junge Schwalben werden dagegen auch noch nach dem Ausfliegen eine Zeitlang von den Altvögeln gefüttert.

Bei uns überall verbreitet ist als einzige Art der Segler (Apodidae) der Mauersegler. In Südeuropa und in den Südalpen lebt der wesentlich größere und unterseits weiße Alpensegler, der bei Freiburg i. Br. seinen einzigen deutschen Brutplatz besitzt. Sehr ähnlich dem Mauersegler ist dagegen der Fahlsegler, der in den Mittelmeerländern lebt. Viele weitere Seglerarten brüten in den warmen Gebieten Afrikas und Asiens.

Ordnung Rackenvögel – Coraciiformes

Eine im wahrsten Sinne bunte Gruppe verschiedener Vogeltypen wird unter dieser Vogelordnung zusammengefaßt. Alle sind Kleintierjäger, die in Höhlen brüten. Gemeinsam ist ihnen ferner eine weite Verbreitung in warmen Gebieten der Erde. Bei uns sind jeweils nur einzelne Vertreter größerer Familien Brutvögel.

Familie Eisvögel – Alcedinidae

Insgesamt 90 Arten sind vor allem in den Tropen verbreitet; bei uns findet man nur 1 Art. Gemeinsame Merkmale sind ein meist sehr buntes Gefieder, ein großer Kopf und vor allem ein mächtiger Schnabel. Nicht alle sind wie unser Eisvogel Fischjäger; die meisten leben im Wald und jagen dort kleine Landtiere (z. B. Insekten). Fast alle brüten in selbstgegrabenen Erdhöhlen.

Familie Bienenfresser – Meropidae
Wie Segler sind auch Bienenfresser Luftjäger, steigen aber oft nur zu einem kurzen Jagdflug von ihrer Sitzwarte auf. Mit den Seglern haben sie auch eine gewisse Ähnlichkeit im Flugbild, nämlich die langen spitzen Flügel. Bienenfresser sind aber auffällig bunt. Wie die Eisvögel brüten sie in selbstgegrabenen Erdhöhlen. Die insgesamt 24 Arten sind fast ganz auf die Tropen und Subtropen der Alten Welt beschränkt. Der europäische Bienenfresser fliegt gelegentlich nach Mitteleuropa ein und brütet bei uns. In den Mittelmeerländern kann man ihn wesentlich häufiger beobachten.

Familie Racken – Coraciidae
Alle Racken ähneln in ihrer Körperform etwas den Krähenvögeln, sind aber bunt gefärbt. Unsere Blauracke, die in Mitteleuropa als Brutvogel fast ausgestorben ist, in Südeuropa aber noch weiter verbreitet lebt, ist die einzige Art Europas. Weitere 13 Arten finden sich vor allem in den Tropen und Subtropen Asiens und Afrikas.

Familie Wiedehopfe – Upupidae
Der Wiedehopf weicht in vielen Einzelheiten des Körperbaues und seiner Lebensweise von den anderen Vogelgruppen der Ordnung Rackenvögel so stark ab, daß man ihn als einzige Art in einer eigenen Familie davon abtrennt. Auch seine Hauptverbreitung liegt wie die der meisten anderen Rackenvögel in wärmeren Ländern. In Südeuropa ist er stellenweise ein recht häufiger Brutvogel.

Ordnung Spechtvögel – Piciformes
Von den in diesem Band behandelten Vogelgruppen sind die Spechtvögel die ausgeprägtesten Baumvögel und neben Baumläufer und Kleiber (Band 1, S. 118–121) die einzigen, die ganz hervorragend an das Klettern an senkrechten Stämmen oder an der Unterseite von Ästen angepaßt sind. Alle einheimischen Arten zählen zur Familie der Spechte (Picidae), die man wiederum in verschiedene Untergruppen teilt. Die Wendehälse, mit je 1 Art in Europa und Afrika, weichen in vielen Merkmalen von den übrigen Spechten ab, von denen man fast 200 Arten in allen Gegenden der Erde kennt, in denen Bäume vorkommen. Nur einige Inseln sind von Spechten nicht besiedelt.
Typische Spechte haben einen harten, kantigen, geraden Meiselschnabel, der manchmal aber auch zu einem ausgesprochenen Pinzettenschnabel ausgeformt sein kann. Die Zunge ist in der Regel weit vorstreckbar und hat oft viele kleine Widerhäkchen. Das Kopfskelett bedarf vieler spezieller Anpassungen, denn Spechte können erhebliche Kräfte bei den Schlägen gegen das Holz entwickeln und außerdem vielfach noch rasante Trommelwirbel erzeugen. Die Knochen des vorderen Kopfteiles sind besonders stark, und außerdem ist der Schnabel mit dem Hirnschädel federnd verbunden, so daß sich die Stöße nicht ungebremst in das Gehirn fortsetzen.
Die Spechtbeine sind nur kurz, so daß der Vogel an der Rinde angeschmiegt sitzen kann. Die sehr kräftigen Füße haben stark gebogene Krallen. Vor allem die 3 vorderen Zehen sind zum Einklammern an Unebenheiten des Untergrundes sehr wichtig. Die Hinterzehe hat meist keine Funktion beim Klettern und kann bei einigen Arten (z. B. Dreizehen-

specht, s. S. 152) sogar ganz fehlen. Als wichtiges Stützorgan dient auch der Schwanz, dessen Steuerfedern sehr stark versteift sind. Besonders die mittleren sind lang zugespitzt und haben borstenartige Äste, die sich gegen den Druck nach unten spreizen und damit den Körper verankern.
Die meisten Spechte legen sich ihre Nisthöhle selber an, vorzugsweise in morschen und kranken Bäumen, benutzen aber oft auch alte Höhlen immer wieder. Davon abweichend zimmert der Wendehals keine eigenen Höhlen, sondern ist auf andere Höhlenbauer angewiesen und liegt daher oft im Streit mit höhlenbrütenden Singvögeln. Eier der Spechte sind weiß. Nistmaterial wird in die Höhle nicht eingetragen.

Unsere einheimischen Spechte leben in erster Linie von Insekten und deren Larven und anderen Kleintieren, die sie großenteils unter der Rinde oder im kranken Holz finden. Der Wendehals (s. S. 134) lebt dagegen ganz ausschließlich von bodenbewohnenden Ameisen; auch Grün- und Grauspecht (s. S. 136, 138) bedienen sich hauptsächlich dieser Nahrungsquelle. Man bezeichnet sie daher oft als Erdspechte. Schließlich plündert auch der Schwarzspecht (s. S. 140) gern einen Ameisenhaufen. Die meisten Spechte markieren, vor allem im Frühjahr, ihr Revier mit Trommelwirbeln, die ähnlich den Gesängen der Singvögel für die einzelnen Arten sehr charakteristisch sind, so daß man die Arten mit einiger Übung unterscheiden kann.

Gefährdete Arten und ihr Schutz

Ausmaß der Gefährdung

Eine große Zahl der in diesem Band behandelten Arten muß im Augenblick als gefährdet oder sogar als vom Aussterben bedroht gelten. Zusammenstellungen gefährdeter Tierarten werden in den Roten Listen vorgenommen. Schon in Band 1 (S. 10/11) mußten wir für eine Reihe von Singvogelarten feststellen, daß sie als bedrohte Arten in die Roten Listen der gefährdeten Tiere der Bundesrepublik Deutschland bzw. der Schweiz aufgenommen sind. Immerhin waren es 48 Arten von insgesamt 124 erwähnten. Das entspricht einer Gefährdungsquote von etwa 39%. Die Verhältnisse für die in diesem Band behandelten Vogelarten sind aber noch viel erschreckender. Nicht weniger als 44 der 68 hier erwähnten Arten mußten in der jeweils neuesten Ausgabe der Roten Liste der Schweiz bzw. der Bundesrepublik Deutschland aufgeführt werden. Das bedeutet, daß 65%, also etwa ⅔, der Greifvögel, Eulen, Spechte, Tauben, Hühner usw. gefährdet, vom Aussterben bedroht oder sogar schon ausgestorben sind. Daraus kann man schließen, daß es bestimmten Vogelgruppen in unserer modernen mitteleuropäischen Kulturlandschaft besonders schlechtgeht. Offensichtlich sind die Singvögel bis jetzt noch relativ am besten zurechtgekommen, obwohl auch sie unter modernen Entwicklungen gewaltig zu leiden haben. Für viele derzeit noch häufige Singvögel könnte z. B. das immer noch weiter um sich greifende Waldsterben in allernächster Zukunft eine gewaltige Gefahr bedeuten, die ihr Überleben in Frage stellt.
Von den Greifvögeln sind nur 2 Arten, nämlich Turmfalke und Mäusebussard, derzeit nicht gefährdet. Bei

Nur in winzigen Resten sind Hochmoore als letzte Rückzugsgebiete übriggeblieben.

den Eulen ist die Situation ganz ähnlich: Lediglich Waldkauz und Waldohreule stehen (noch!) nicht auf der Roten Liste. Bei den Hühnern ist die Situation geradezu katastrophal: Alle ursprünglich bei uns heimischen Arten stehen jetzt auf der Roten Liste, auch das einstmals weitverbreitete Rebhuhn. Über die schlimme Situation gerade bei dieser Familie kann auch der häufige Fasan nicht hinwegtäuschen, der vom Menschen bei uns eingebürgert wurde und immer noch vielfach zu Jagdzwecken ausgesetzt wird.

Ursachen der Gefährdung

Vielfältig sind die Ursachen, die sich vor allem bei den in diesem Band behandelten Arten als Gefährdungen für den Bestand in Mitteleuropa entpuppt haben. Allen voran steht die Landwirtschaft, gefolgt von Wasserwirtschaft, Waldwirtschaft, Industrie, Gewerbe, Störungen durch Freizeit und Erholung usw. Man muß sich vorstellen, daß einzelne Störursachen aus ganz verschiedenen Quellen oft gleichsinnig zusammenwirken und damit den Bestand einer Art gewaltig bedrohen. Bei einzelnen Arten werden wir noch darauf näher eingehen.

Eine kleine Übersicht über die wichtigsten Gefährdungsfaktoren vieler Vogelarten in der Bundesrepublik kann zeigen, welch vielfältigen Gefahren sich Vögel in der heutigen Kulturlandschaft ausgesetzt sehen. Manche Arten betrifft es besonders hart; sie erscheinen in unserer Übersicht mehrmals. In Klammern sind derzeit noch nicht gefährdete Arten angeführt, die von den jeweiligen Verlustursachen ebenfalls betroffen werden, ohne daß man jetzt schon exakt sagen könnte, ob einmal auch für sie eine akute Bestandsbedrohung eintritt.

Verluste im Straßenverkehr: Rotmilan, Schleiereule, Steinkauz, Uhu, Ziegenmelker (Waldohreule, Waldkauz, Mäusebussard).

Drahtopfer und Verluste durch Stromschlag: Ziegenmelker, Auerhuhn, Uhu, Rotmilan (Mäusebussard, Waldkauz, Waldohreule).

Tödlicher Anflug an Glasscheiben: Sperber, Eisvogel.

Eine reich strukturierte Agrarlandschaft mit zahlreichen wilden Feldrainen und Hecken bietet noch vielen Vögeln Lebensraum.

Illegaler Handel mit Gelegen und Jungvögeln: Wanderfalke, Seeadler (Habicht).
Illegale Verfolgung durch Falle, Gift, Abschuß: Seeadler, Wanderfalke, Rebhuhn (Habicht, Mäusebussard).
Nachstellung auf dem Zug und im Winterquartier: Baumfalke, Wachtel (Wespenbussard).
Störung durch Freizeit und Ferienbetrieb (z. B. Badebetrieb, Wassersport, Klettersport, Wintersport, Angeln, Jagdsport, Modellflieger, Fotografieren usw.): Auerhuhn, Schneehuhn, Haselhuhn, Birkhuhn, Kornweihe, Wiesenweihe, Seeadler, Steinadler, Rotmilan, Wanderfalke, Uhu, Ziegenmelker, Eisvogel.
Flächenverluste durch Zersiedlung der Landschaft und durch Verdichtung der Siedlungen (z. B. Verstädterungen): Rebhuhn, Rotmilan, Steinkauz, Schleiereule.
Verschmutzung der Gewässer: Eisvogel.
Veränderung der Bauweise von Häusern (mangelnde Nistmöglichkeiten): Schleiereule, Steinkauz (Turmfalke, Mauersegler).
Direkte Wirkung von Schadstoffen (Insektizide, Herbizide, Biphenyle, aber auch Schwermetalle): Seeadler, Steinadler, Wanderfalke, Steinkauz, Schleiereule.
Rückgang des Nahrungsangebots durch Schadstoffe (Insektizide, Herbizide): Wiedehopf, Hohltaube, Rebhuhn, Steinkauz, Wachtel, Wendehals, Wespenbussard.
Zerstörung der Moore durch Torfabbau: Birkhuhn, Wiesenweihe, Kornweihe, Sumpfohreule, Ziegenmelker.
Straßenbau (hier nur Verlust durch Beunruhigung und Biotopzerstörung): Auerhuhn, Birkhuhn, Sumpfohreule, Uhu, Wespenbussard (Habicht, Sperber).
Ausbau und Begradigung von Bächen und Flüssen: Sumpfohreule, Eisvogel.
Absenkung des Grundwassers: Birkhuhn, Kornweihe, Wiesenweihe, Wespenbussard.
Deichbau, Einpolderung von Wattgebieten: Kornweihe, Wiesenweihe, Sumpfohreule.
Entwässerung von Feuchtgebieten (Mooren, Auen) zur Nutzung durch

die Landwirtschaft: Wiesenweihe, Kornweihe, Schwarzmilan, Wespenbussard, Sumpfohreule, Eisvogel.
Moderne Grünlandnutzung (Mechanisierung, Düngung usw.): Wiedehopf, Sumpfohreule, Wiesenweihe, Kornweihe.
Umwandlung von Grün- in Ackerland: Wiedehopf, Wiesenweihe, Wespenbussard, Steinkauz, Sumpfohreule, Uhu, Schleiereule, Wendehals.
Modernisierung bei der Ackernutzung: Hohltaube, Rebhuhn, Wachtel, Schleiereule.
Verschwinden extensiver Nutzungsformen (z. B. Streuobstflächen, Kopfweiden, Streuwiesen): Birkhuhn, Wachtel, Rebhuhn, Wendehals, Mittelspecht, Steinkauz, Schleiereule, Ziegenmelker, Wespenbussard.
Ausräumung der Landschaft (Beseitigung von Hecken, Sträuchern, Akkerrainen und anderen Kleinstbiotopen): Birkhuhn, Rebhuhn, Wachtel, Wiedehopf, Hohltaube, Rotmilan, Wespenbussard, Steinkauz, Uhu, Schleiereule, Wendehals.
Entwässerung von Bruch-, Auen- und Moorwäldern: Wespenbussard.
Umwandlung von Laub- und Mischwäldern in Nadelholzmonokulturen: Auerhuhn, Haselhuhn, Hohltaube, Mittelspecht, Schwarzmilan, Wespenbussard, Sperlingskauz, Wendehals.
Aufgabe alter Waldnutzungsformen: Auerhuhn, Haselhuhn, Hohltaube, Mittelspecht, Weißrückenspecht, Seeadler, Wespenbussard, Sperlingskauz, Ziegenmelker.
Intensivierung der Waldbewirtschaftung (Erschließung der Wälder mit Wegen, Vernichtung von Urwald und Altholzbeständen, geringere Umtriebszeiten usw.): Auerhuhn, Birkhuhn, Haselhuhn, Seeadler, Rotmilan, Schwarzmilan, Wespenbussard, Hohltaube, Wiedehopf, Weißrückenspecht, Dreizehenspecht, Wendehals, Ziegenmelker, Sperlingskauz.
Aufforstung von Mooren, Heiden, Feucht- und Waldwiesen: Birkhuhn, Wiesenweihe, Sumpfohreule, Ziegenmelker.

Vogelschutz

Für den Vogelschutz als Teil des modernen Naturschutzes ergeben sich aus dem sehr vielfältigen Katalog von Gefährdungsursachen die Ansatzpunkte zu einer sinnvollen Arbeit. Bewachung, Schutz und Bereitstellung von Nistgelegenheiten hat z. B. bei Wanderfalke, Seeadler, Steinkauz, Schleiereule hoffnungsvolle Ergebnisse geliefert und manche regionalen Bestände vor dem Aussterben bewahrt. Doch eine dauernde Sicherung gefährdeter Arten ist nur durch einen umfassenden Schutz des Lebensraumes, der auch unser eigener ist, möglich. Vogelschutz ist damit ein wichtiger Teil der Landschaftsplanung, die für die Zukunft unserer Umwelt Weichen stellt. Vogelschutzverbände sind in der Bundesrepublik heute nach dem Naturschutzgesetz gesetzlich anerkannte Partner der Behörden in Fragen der Landschaftspflege und des Naturschutzes. Viele Klein- und Kleinstbiotope können ohne großen finanziellen Aufwand und ohne Änderung der Wirtschaftsweise in der Agrarlandschaft, aber auch im Wald erhalten werden. Oft fehlt nur das Verständnis dafür. Vogelschützer haben auch bereits mit Erfolg konkrete technische Vorschläge für die Konstruktion von Leitungsmasten erarbeitet, die den Vogeltod durch Stromschlag vermindern helfen.
Ein grundlegendes Problem ist aber die Zukunft der Belastung unserer Umwelt durch Schadstoffe aller Art. Sie hat bereits jetzt einen lebensbedrohenden Umfang angenommen, wie das Waldsterben beweist. Viele der in diesem Buch behandelten Vogelarten waren maßgebend daran

beteiligt, daß die verheerende Wirkung langlebiger Pestizide erkannt wurde, und sie heute in vielen europäischen Ländern nicht mehr ausgebracht werden dürfen. Noch ist aber das Pestizidproblem längst nicht gebannt. Rückfälle in vergangene Zeiten gibt es immer wieder auch bei uns. Fast jedes Jahr bleiben irgendwo größere Vogelmengen als Nebenergebnis einer »Bekämpfungsaktion« auf der Strecke.

Schließlich bedeutet Vogelschutz aber auch, die derzeitige Politik der Landnutzung im europäischen Bereich kritisch zu verfolgen und gefährliche Entwicklungen zu verhindern. Wir leben alle von der Landwirtschaft, dürfen aber dabei nicht vergessen, daß die moderne Landwirtschaft zu den umfassenden Bedrohungen der Tier- und Pflanzenwelt in Mitteleuropa zählt. Die Produktion von Überschüssen belastet nicht nur den Steuerzahler, sondern zerstört Lebensraum. Vogelschutz als Teil des Naturschutzes muß sich daher auch mit politischen Fragen auseinandersetzen.

Rote Listen

Der Überblick über die jeweils neuesten Fassungen der Roten Listen der Bundesrepublik Deutschland (D) und der Schweiz (CH) enthält alle in Betracht kommenden Arten dieses Bandes. Das Ausmaß der Gefährdung wird dabei in verschiedenen Kategorien klassifiziert (– bedeutet: Art brütet nicht in dem betreffenden Land).

Kategorie 1 D: Ausgestorbene Arten; CH: Arten, die durch Rückgang auf kritische Bestandsgrößen zusammengeschmolzen sind.

Kategorie 2 D: Vom Aussterben bedrohte Arten; CH: Arten, die seit der Jahrhundertmitte zurückgegangen und z.T. bereits verschwunden sind.

	D	CH
Alpenschneehuhn	5	
Alpensegler	5	3
Auerhuhn	2	2
Baumfalke	4	3
Birkhuhn	2	
Blauracke	1	–
Dreizehenspecht	4	
Eisvogel	4	2
Fischadler	1	–
Gänsegeier	1	–
Habicht	5	2
Habichtskauz	1	–
Haselhuhn	3	
Hohltaube	3	2
Kornweihe	2	–
Mittelspecht	3	3
Rauhfußkauz	5	
Rebhuhn	3	2
Rohrweihe	5	5
Rotfußfalke	6	–
Rothuhn	1	–
Rotmilan	3	3
Schlangenadler	1	5
Schleiereule	4	
Schreiadler	1	–
Schwarzmilan	4	
Seeadler	2	–
Sperber	5	3
Sperlingskauz	4	
Steinadler	2	3
Steinhuhn	5	2
Steinkauz	3	2
Steppenweihe	6	–
Sumpfohreule	3	–
Uhu	3	2
Wachtel	3	2
Wanderfalke	2	1
Weißrückenspecht	3	
Wendehals	4	4
Wespenbussard	4	
Wiedehopf	2	2
Wiesenweihe	2	5
Ziegenmelker	3	4
Zwergohreule	6	1

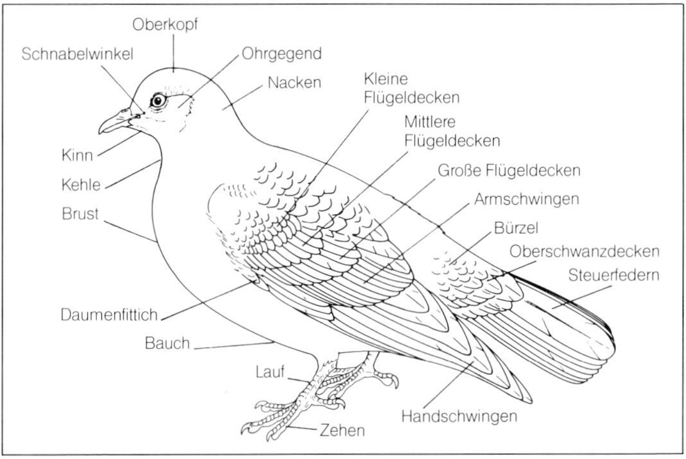

Körperregionen bzw. Gefiederteile einer Taube.

Kategorie 3 D: Stark bedrohte Arten; CH: Arten, deren Bestand klein und latent gefährdet ist (weniger als 300 Brutpaare).

Kategorie 4 D: Bedrohte Arten; CH: Arten, die in großen Gebieten seit der Jahrhundertmitte zurückgehen.

Kategorie 5 D: Potentiell bedrohte Arten (z. B. solche mit kleinen Beständen); CH: Arten mit ganz kleinen Beständen, die nie häufig waren (z. B. auch Einwanderer).

Kategorie 6 D: Vermehrungsgäste (= Arten ohne regelmäßige Brut).

Einteilung und Abkürzungen der Steckbriefe für die einzelnen Arten

K = Kennzeichen:
Größe, Gestalt und Färbungsmerkmale ■ Rufe und Gesang ■ Typisches Verhalten. ♂ = Männchen; ♀ = Weibchen; juv. = erwachsener Jungvogel; ad. = Adultus, Altvogel (ab der Geschlechtsreife); ± = mehr oder weniger.

V = Verbreitung und Vorkommen:
Gesamtes Brutgebiet ■ Verbreitung und Vorkommen in Mitteleuropa (= Beneluxländer, Schweiz, Österreich, Bundesrepublik Deutschland, DDR, westl. Gebiete von Polen und Tschechoslowakei; der Kürze wegen oft einfach mit dem Ausdruck »bei uns« umschrieben); Zugverhalten in Mitteleuropa (Zugzeiten bzw. Dauer der Anwesenheit in Mitteleuropa) ■ Lebensraum.
Br. = Brutvogel; r. = regelmäßig; ur. = unregelmäßig.

F = Fortpflanzung:
Nest ■ Brutzeit und Zahl der Bruten ■ Gelegegröße; Aussehen der Eier ■ Dauer des Brütens und der Jungenaufzucht.

N = Nahrung.

Wespenbussard

Pernis apivorus

[K] Größe wie Mäusebussard und im Flug oft schwer davon zu unterscheiden, da auch sehr variabel gefärbt. Oberseite im allgemeinen bräunlich; Unterseite heller und gefleckt, aber auch dunkel. Im Flugbild wichtigste Unterschiede gegenüber Mäusebussard: Schwanz länger und meist schmaler, Kopf schlanker und stärker vorstehend, Flügel etwas länger und etwas runder (vgl. Abb. S. 68). In der Ansicht von hinten Flügel meist nach unten gebogen (Mäusebussard biegt die Spitzen oft nach oben). Unterseite des Flügels mit mindestens 1–2 kräftigen Binden; weniger und breitere Schwanzbinden als Mäusebussard. Augen im Unterschied zum Mäusebussard bei ad. gelb. ▪ Stimme außerhalb des Brutplatzes wenig zu hören. Über dem Brutplatz 3silbig, etwa »düdlihi«. Bei Erregung hell »kikiki ...«. ▪ Flügelschlag etwas langsamer und weicher als beim Mäusebussard; rüttelt nur ausnahmsweise. Beim Segeln Flügel nie schwach V-förmig nach oben gehalten wie Mäusebussard. Kreist viel.

[V] Br. von Europa bis Westsibirien; nahe verwandte Formen brüten in Ost- und Südasien. ▪ Bei uns seltener als Mäusebussard, doch in allen Landschaften mit Wald; bedroht. Langstreckenzieher (Ende April/Mai bis September). Winterquartier tropisches und südliches Afrika. ▪ Br. in reich strukturierten Landschaften; Horste an Waldrändern, auch in Feldgehölzen und Auwäldern. Nahrungssuche über dem offenen Land. An Küsten und über Meerengen oft starker Durchzug.

[F] Horst auf hohen Bäumen; frisch besetzte Nester mit grünen Zweigen belegt. ▪ Legezeit Ende Mai bis Mitte Juni; 1 Jahresbrut. ▪ Meist 2, aber auch 1 oder 3 Eier; Grundfarbe weißlich bis hellbraun, rot bis kastanienbraun gefleckt und beschmiert. ▪ ♂ und ♀ brüten 30–35 Tage; Nestlingsdauer 35–40 Tage, erster Flug etwa ab 44 Tagen. Familie bleibt noch länger beisammen nach dem Ausfliegen der Jungen.

[N] Larven, Puppen und Vollinsekten sozialer Wespen, seltener Hummeln; daneben aber auch andere Insekten, Amphibien, Reptilien, (Jung-)Vögel und ausnahmsweise Kleinsäuger.

Der Speisezettel des Wespenbussards ist zwar vielseitig, doch bleibt die erstaunliche Tatsache, daß ein bussardgroßer Greifvogel großenteils von Insekten lebt. Hat ein Wespenbussard z. B. aus einem Loch am Boden ausfliegende Wespen entdeckt, wird die Erde mit den Füßen und auch mit dem Schnabel aufgescharrt. Bis 40 cm tiefe Grabungen des Wespenbussards hat man schon beobachtet. Die Wespenlarven und -puppen werden entweder fein säuberlich aus den Waben geschält oder ganze Wabenstücke mit dem Schnabel an einen ruhigeren Platz transportiert. In den ersten Lebenstagen werden die Jungen fast ausschließlich mit Hummel- und Wespenlarven gefüttert. Später tragen die Altvögel Wabenstücke zum Horst und legen sie ab. Im Alter von 14 Tagen können dann die Jungen selbst Larven aus den Waben herausziehen, die sie sich ganz systematisch vornehmen.

Verschiedene Anpassungen am Körper des Wespenbussards lassen sich mit der merkwürdigen Ernährungsweise erklären. So ist der Schnabel z. B. relativ schlank und gut geeignet, Larven aus den einzelnen Waben herauszuholen. Durch das nur schmale und schlitzförmige Nasenloch wird das Eindringen von Fremdkörpern beim Graben mit dem Schnabel erschwert. Bei den meisten Greifvögeln befinden sich an der Schnabelbasis entweder keine oder nur borstenförmige Federn. Beim Wespenbussard ist die Partie zwischen Schnabelgrund und Auge mit kleinen schuppenförmigen Federn dicht besetzt. Sie schützen vor Insektenstichen. Man hat auch beobachtet, daß Wespenbussarde die sie wild umkreisenden Wespen oder Hummeln geschickt mit dem Schnabel fangen, töten und dann entweder fallen lassen oder verschlingen. Hautflügler mit Stacheln sind auch schon im Magen gefunden worden.

Die Krallen des Wespenbussards sind nicht so stark gekrümmt wie bei anderen Greifvögeln. Sie sind weniger Tötungswerkzeuge für große Beutetiere als vielmehr Grabinstrumente. Zur Jagd auf Säugetiere und Vögel ist der Wespenbussard also schlecht ausgerüstet. Wichtig sind in Zeiten von Insektenmangel auch Reptilien und vor allem Frösche als Zusatznahrung.

Ein so stark auf Insekten angewiesener Greifvogel kann natürlich nur als Zugvogel bei uns überleben. Daher zieht der Wespenbussard von unseren Greifvögeln am weitesten.

Wespenbussard am Horst. Junge Greifvögel tragen zunächst ein weißes Dunenkleid.

Schwarzmilan

Milvus migrans

[K] Etwa bussardgroß, doch längerer Schwanz, der an der Spitze schwach ausgeschnitten ist. Die Schwanzgabelung verschwindet aber bei starker Spreizung der Steuerfedern (dann erscheint der Schwanz jedoch rechteckig). Oberseite dunkelbraun; Unterseite etwas heller; Kopf graubraun, wenig heller als der Körper. ■ Rufe wiehernd und trillernd wie »wyhihihihi ...« oder »hüijihrrr ...« ■ Segelt viel, dabei werden die Flügel waagerecht gestreckt (nicht V-förmig angehoben wie Bussard). Schwanz führt seitliche Steuerbewegungen durch. Im Ruderflug mit weichen, tiefausholenden Flügelschlägen.

[V] Weit verbreiteter Br. in Eurasien und Afrika; fehlt nur in Nord- und Nordwesteuropa sowie in der Tundra Eurasiens und in der Sahara. ■ Bei uns Br. im Tiefland und in Mittelgebirgen; bedroht. In der Regel Langstreckenzieher mit Winterquartier im tropischen Afrika und Südafrika (März bis September). ■ Br. in Wäldern und Feldgehölzen; Horste stehen meist an Waldrändern. Jagt über dem offenen Land, sehr gern in der Nähe von Wasser; sucht dort oft die Ufer nach toten Fischen ab.

[F] Horst steht auf hohen Nadel- und Laubbäumen; Horstmulde häufig mit Papier, Stoffresten, Plastikfetzen, Gras, Laub usw. ausgelegt. ■ Eiablabe Mitte April bis Mitte Mai; 1 Jahresbrut. ■ (1) 2–3 (4) Eier, weiß bis grünlich, verschieden dicht mit braunen Flecken besetzt. ■ Meist brütet ♀ etwa 26–38 Tage; ♂ versorgt brütendes ♀ mit Nahrung. Junge bleiben 42–45 Tage im Nest.

[N] Vor allem tote oder kranke Fische sowie tote oder verletzt gefundene Vögel und Säugetiere, vor allem auch Straßenopfer. Nur ein kleiner Teil der Beutetiere wird selbst erjagt.

Greifvögel, die lebende Beute jagen, tendieren fast immer zu Einzelgängertum. Milane zeigen dagegen große Toleranz gegenüber Artgenossen, so daß sich regelrechte Schwärme bilden können. Dies ist sinnvoll, denn dadurch können auch sehr ergiebige Nahrungsquellen innerhalb kurzer Zeit wirkungsvoll genutzt werden. Vor allem im Südwesten Mitteleuropas gehören Schwarzmilane zum Bild der Seenlandschaften, wenn sie im ruhigen Suchflug die Ufer nach angeschwemmten toten

Fischen abpatrouillieren. Größere Konzentrationen bilden sich z.B. an Müllplätzen, Abwasserteichen oder bei größeren Fischsterben. In Ländern mit geringerem Stand der allgemeinen Hygiene (z.B. Orient, Südasien) ist der Schwarzmilan gebietsweise der häufigste Greifvogel. Auch Kleintiere werden von Milanen nicht verschmäht; gelegentlich sammeln sie hinter dem Pflug oder auf frisch umgebrochenen Wiesen und Äckern Regenwürmer und Insekten auf.
Ihre ganze Flugkunst spielen Milane aus, wenn es darum geht, anderen Greifvögeln, aber auch Reihern oder Rabenvögeln Beute abzujagen. Mit Nahrung im Kropf oder im Schnabel fliegende Großvögel werden solange bedrängt, bis sie die Nahrung fallen lassen, die dann der Milan meist noch in der Luft geschickt auffängt. Überhaupt zählt das plötzliche Abtrudeln mit angelegten Flügeln aus dem ruhigen Streckenflug zu den Spezialitäten des Schwarzmilans. Blitzschnell kann er auf diese Weise zur Wasseroberfläche herunterstoßen und einen toten Fisch ergreifen, wobei nur die Füße eingetaucht werden. Berühmt sind auch die Schwarzmilane an einigen Raststätten der Safari-Trupps in Nationalparks Ostafrikas. Hier wird von den Milanen nicht nur Nachlese bei der Mittagsrast einer Safarigesellschaft gehalten, sondern die Vögel haben sich auch angewöhnt, in die Luft geworfene Futterbrocken im sausenden Sturzflug aufzufangen.
Man sollte eigentlich annehmen, daß der Schwarzmilan durch seine vielseitige Ernährungsweise als Abfallverwerter auch in unserer Kulturlandschaft ein gutes Fortkommen hätte. In manchen Gegenden Mitteleuropas, so in der Schweiz, sind die Bestände auch noch ungefährdet und erstaunlich hoch. Doch neuerdings hat sich herausgestellt, daß in einigen Gebieten der Bundesrepublik Deutschland lokale Bestände erloschen sind oder zumindest sehr stark abgenommen haben. Wahrscheinlich ist das Verschwinden geeigneter Brutplätze, insbesondere die Gefährdung von Aulandschaften und Auwäldern, die Ursache hierfür. Milane siedeln sich gern in Wassernähe an. Der Ausbau der Gewässer und die »Bereinigung« von Uferlandschaften, auch die Umwandlung von Laub- in Nadelwald haben gebietsweise Rückgang zur Folge.

Schwarzmilane suchen gerne Seen und Flüsse nach toten oder kranken Fischen ab.

Rotmilan

Milvus milvus

K Etwas größer und langflügeliger als Schwarzmilan, Schwanz noch länger, Färbung viel kontrastreicher. Der zusammengelegte Schwanz ist tief gegabelt; Gabelung auch bei Spreizung der Steuerfedern noch erkennbar (»Gabelweihe«). Kopf hellgrau; Unterseite rostrot längsgestreift; Rücken braun mit rostbraunen Federn; Schwanz rostbraun. ▪ Rufe ähnlich Schwarzmilan gedehnt und pfeifend, etwa »pie« oder »wiiüü«. Im Frühjahr oft längere Trillerstrophen. Außerhalb des Brutplatzes jedoch recht schweigsam. ▪ Flugweise ähnlich Schwarzmilan.

V Br. in vielen Teilen Europas, Verbreitungsgebiet viel kleiner als Schwarzmilan. ▪ Bei uns nur im Tiefland und im Mittelgebirge Br. (fehlt im Alpenvorland); stark bedroht. Kurzstreckenzieher; Winterquartier normalerweise Mittelmeergebiet, zunehmend aber auch Überwinterung in Mitteleuropa im Tiefland (s. unten). ▪ Weniger eng ans Wasser gebunden als Schwarzmilan, jagt über offenen Flächen; Schlafplätze in kleineren Gehölzen.

F Nest auf hohen Bäumen; ebenfalls oft mit Lumpen, Papier und anderen Fremdkörpern ausgekleidet. ▪ Legezeit April/Mai; 1 Jahresbrut. ▪ (1) 2–3 (4) Eier, wie Schwarzmilan. ▪ ♀ brütet 33–38 Tage; Nestlingsdauer mindestens 45, meist bis 50 Tage und länger.

N Ähnlich Schwarzmilan, doch weniger Fische. Anteil selbstgeschlagener Beute größer (bei kranken Tieren Vögel bis Hühner-, Säugetiere bis Hasengröße); viele Kleinsäuger; Aas und Abfälle.

Im Unterschied zum Schwarzmilan ist das Brutareal des Rotmilans auf einen kleinen Raum in Europa beschränkt. Mit weniger als 3000 Paaren dürfte Mitteleuropa bereits einen wesentlichen Anteil des Weltbestandes beherbergen. Für die Erhaltung der Art kommt daher genauen Bestandsaufnahmen und Schutzmaßnahmen besondere Bedeutung zu. Langfristige Untersuchungen auf einer Kontrollfläche von 800 km² in Schleswig-Holstein zeigen, wie vorsichtig man Bestandsbewegungen bei Greifvögeln interpretieren muß: 1960/61 wurden 14 bzw. 18 Brutpaare ermittelt, rund 20 Jahre später, 1979/80, 20 bzw. 17. Zwischenzeitlich aber war der Bestand 2 mal auf unter 10 gesunken, in weiteren 3 Jahren gab es nur 10/11 Brutpaare; 20 Paare wurden 3 mal erreicht. Trotz einer

Schwankung von über 100% ist also der lokale Bestand über 20 Jahre hinweg stabil geblieben. Stabilität heißt nicht immer, daß die Bestände von Jahr zu Jahr in der gleichen Größenordnung bleiben, also konstant sind. Im Gegenteil: Viele Greifvögel und Eulen zeigen erhebliche Schwankungen in Abhängigkeit von Umweltbedingungen (s. S. 47). Entscheidend ist, ob ein vorübergehendes Bestandstief auch wieder ausgeglichen werden kann.

In den letzten 3 Jahrzehnten allerdings hat der Rotmilan in Mitteleuropa und Frankreich eine bemerkenswerte Änderung seines Verhaltens gezeigt. In zunehmendem Maße blieben einzelne Vögel den Winter über da; regelrechte Überwinterungstraditionen haben sich gebildet, die vor allem dadurch auffallen, daß oft von weit her die Milane an Schlafplätzen abends zusammenkommen. Meist übernachten sie auf einzelnen Bäumen in kleinen Gehölzen, im kalten Mitwinter jedoch auch in dichteren Koniferenbeständen. Eine zunehmende Überwinterungsneigung ist an ganz verschiedenen Orten beobachtet worden, so in Mecklenburg, Niedersachsen, Baden-Württemberg, aber auch in der Schweiz und in Teilen Nordfrankreichs. Rotmilane überwintern sogar jetzt auch regelmäßig in Südschweden.

Eine der möglichen Ursachen dieser Veränderung des Zugverhaltens ist möglicherweise die bessere Nahrungssituation im Winter. Milane profitieren von den Abfällen unserer Wegwerfgesellschaft. Man hat allerdings auch eine Reihe milder Winter in den 70er Jahren dafür verantwortlich gemacht, obwohl viele der Überwinterungstraditionen schon länger zurückreichen. Immerhin ist es aber bemerkenswert, daß ein Kurzstreckenzieher in unseren Breiten bereits längst zu einem Teilzieher geworden ist, bei dem offensichtlich ein ansehnlicher Teil der Population im Augenblick das Verhalten von Stand- und Strichvögeln zeigt. Solche Veränderungen können also in relativ kurzer Zeit eintreten und sind sicher auch bei anderen Vogelarten in den letzten 100 Jahren öfters vorgekommen. Soll sich ein solches Verhalten jedoch gegenüber dem Zugverhalten wirklich durchsetzen, dann muß es für die betreffende Vogelart Vorteile mit sich bringen, also im langjährigen Durchschnitt geringere Verluste als bei den Zugvögeln.

Wenn Rotmilane ihren Schwanz spreizen, ist die Gabelung nur schwach zu erkennen (vgl. Flugbild S. 69).

Milane wirken im Sitzen schlank.

Seeadler

Haliaeetus albicilla

K Größter einheimischer Greifvogel; breite brettförmige Flügel; kurzer, und ± keilförmiger Schwanz; mächtiger, heller Schnabel. Ad. mit hellerem Kopf und Hals, gelbem Schnabel, weißem Schwanz. Bei Jungvögeln verschiedenen Alters Schwanz dunkel bzw. mehr oder minder deutlich weiß gezeichnet. ▪ Ruffreudig nur zur Balzzeit am Horstplatz; ♂ hoch und gellend »krick-rick-rick-rick«, ♀ tiefer etwa »ra-rack-rack-rack«, bei der Balz oft im Duett. ▪ Segelt mit horizontal ausgebreiteten Flügeln; tief durchgezogene Flügelschläge im Ruderflug.

V Br. im nördlichen Eurasien und in Grönland; in Europa in vielen Teilen ausgerottet. ▪ In der Bundesrepublik nur 5, in der DDR nur ca. 120 Paare; vom Aussterben bedroht. Als Wintergast jedoch regelmäßig, einzeln auch abseits der Brutplätze an großen, stehenden Gewässern. Stand- und Strichvogel. ▪ Bei uns Br. in Wäldern, meist in Wassernähe. Jagt vor allem an fisch- und wasservogelreichen Gewässern.

F Mächtiger Horst auf hohen Bäumen, meist am Waldrand. ▪ Legezeit Mitte Februar bis Mitte März; 1 Jahresbrut. ▪ 1–3 (4) meist mattweiße Eier. ▪ ♀ und ♂ brüten 38–42 Tage; Nestlingsdauer 80–90 Tage.

N Vielseitiger Jäger ca. mittelgroßer bis großer Wirbeltiere, z. B. Fische ab 10–15 cm bis mehrere Kilogramm, Vögel bis Gänsegröße, Säugetiere von Maus- bis Rehgröße. Im Winter vor allem Jagd auf Wasservögel (Bläßhühner, Enten).

Im 18. und 19. Jh. war die Verfolgung des Seeadlers so stark, daß die Bestände Anfang unseres Jahrhunderts teilweise zusammenbrachen. Der gesetzliche Schutz kam schon fast zu spät, doch ab den 20er Jahren begann vor allem in Norddeutschland eine langsame Erholung. Kleinste Restbestände einer Tierart sind aber vom Aussterben gefährdet. Das Schicksal der 4 derzeitigen Brutpaare in Schleswig-Holstein zeigt das sehr eindringlich. Obwohl der Seeadler längst den vollständigen Schutz genießt, wäre er ausgestorben, wenn sich nicht eine tatkräftige Projektgruppe Seeadlerschutz gebildet hätte.

Die Gefährdungsursachen sind vielgestaltig. Waldnutzung und Holzeinschläge führen zur Gefährdung und Störung an Brutplätzen. Weitere Bedrohung ergibt sich aus Aktivitäten von Freizeit und Erholung. Die Unruhe in den Brut- und Jagdgebieten des Seeadlers nimmt dauernd zu. Auch aus der Luft drohen Gefahren während der Brutzeit, z. B. durch niedrige Hubschrauberflüge und tieffliegende Düsenjäger. Erst nach langen Verhandlungen wurden Flugbeschränkungen in den Seeadlerschutzgebieten erreicht. Einzelhorste mußten gegen fanatische Eiersammler bewacht werden. Verfolgung und zivilisationsbedingte Todesursachen spielen trotz strengem gesetzlichen Schutz immer noch eine große Rolle. Von 147 Seeadlern Mecklenburgs sind mindestens 39% durch Abschüsse, 6% durch Fallen, 7,5% durch Revierkämpfe, 20% durch Starkstromleitungen und 13% durch Vergiftungen ums Leben gekommen. Hohe Konzentrationen an chlorierten Kohlenwasserstoffen und Quecksilber in Seeadlereiern führten ferner zu einer Verminderung der Fruchtbarkeit. Seeadler stehen am Ende der Nahrungskette Wasserpflanze → Fisch → Wasservogel. Auf jeder Stufe wird die Konzentration der im lebenden Gewebe gespeicherten Gifte vervielfacht, da sie nicht abgebaut, sondern im Organismus des Beutejägers abgelagert werden. Der Letzte dieser Kette nimmt alle Gifte auf, die in seiner Beute verteilt waren.

Unterschiedliche Gefährdungsursachen zwingen zu einem komplizierten und vielseitigen Schutzprogramm (s. S. 67). Zunächst muß Verständnis für die Probleme in der Öffentlichkeit erreicht werden. Brutplätze müssen bewacht und abgesperrt werden, aber auch Jagd- und Nahrungsplätze sind zu sichern. Diese Maßnahmen umfassen z. B. Diskussion mit den Holznutzern, Verbesserung des Nahrungsangebotes im Winter durch Auslegen von Fleisch, Sicherung und Sauberhaltung von Gewässern, ja sogar die Anlage neuer Nahrungsteiche. Ständig muß auch Verhalten und Biologie des Restbestandes wissenschaftlich überwacht werden, um neu eintretende Situationen rasch zu erkennen. Seeadlerjunge werden z. B. jetzt in verschiedenen Ländern Europas farbig beringt, um ihren Lebensweg verfolgen zu können. Schließlich denkt man auch daran, die Restbestände durch Gefangenschaftszucht und Auswilderung zu stützen. Gefährdete Gelege können der Natur entnommen und in Gefangenschaft ausgebrütet werden.

Seeadler noch nicht voll ausgefärbt; das dunkle Schwanzende ist zu erkennen, der Schnabel ist noch nicht rein gelb.

Schlangenadler

Circaetus gallicus

K Größer als Bussard; im Flugbild fällt der breite, vorragende Kopf auf. Flügel lang, doch Ansatz am Körper relativ schmal. Im Segelflug mehr oder minder flach (nicht V-förmig angehoben wie beim Bussard). Flügelspitzen stark gefächert. Unterseite weiß, mit hellen, braunen Querbinden oder Fleckenreihen über die Unterflügel; Flügelspitzen schwärzlich. Dicker Kopf meist dunkel und mehr oder weniger deutlich von der hellen Unterseite abgesetzt. ▪ Hohe Rufe bei der Balz am Brutplatz, die gewisse Ähnlichkeit mit dem Pirolgesang haben. ▪ Guter Segelflieger, der aber oft auch mit etwas angewinkelten Flügeln einen Hang entlang gleitet oder mit herabhängenden Füßen rüttelt.

V Br. in Afrika, Süd- und Osteuropa sowie in Südasien bis nach Zentralasien. ▪ Bei uns in der Regel nur seltener Gast und nur ganz ausnahmsweise einmal brütend. Langstreckenzieher, Winterquartier südlich der Sahara (April bis September). ▪ Offene Landschaft; im Mittelmeergebiet Buschvegetation mit hohen Bäumen oder Dünen. Bei uns gelegentlicher Gast im offenen Moor und in Heidelandschaften.

F Nest auf Bäumen ▪ Eiablage April/Mai; 1 Jahresbrut. ▪ 1 Ei, weiß. ▪ ♀ brütet 45–47 Tage; Nestlingsdauer 70–75 Tage.

N Hauptsächlich Reptilien (Schlangen, Eidechsen), ferner Amphibien und Kleinsäuger sowie Vögel bis Drosselgröße.

Schon von seiner Ernährung her ist der Schlangenadler auf warme und trockene Gebiete angewiesen, doch zählten weite Teile Mitteleuropas im 19. Jh. noch zu seinem Brutgebiet. In der Bundesrepublik Deutschland gilt er seit 1911 als Brutvogel ausgestorben. In der DDR haben möglicherweise in den letzten Jahrzehnten einzelne gebrütet, und in Polen ist ein kleiner Restbestand von etwa 15–30 Paaren übriggeblieben. Einige Schlangenadler brüten sicher auch noch in der Tschechoslowakei und in Ungarn. Sicher sind an diesen Rückgängen Veränderungen des Lebensraumes ursächlich schuld.

Sie wirken sich im Grenzbereich des Verbreitungsgebietes von Vogelarten oft besonders stark aus, da hier ohnehin das Existenzminimum erreicht wird. Da braucht es dann oft nur wenig, um die kritische Grenze zu unterschreiten. Ob aufgegebene Randgebiete der Verbreitung wieder einmal besiedelt werden, hängt natürlich auch davon ab, wie sich der Bestand in den Verbreitungszentren entwickelt. Noch wird z. B. in Spanien der Bestand auf mehrere tausend Paare geschätzt, aber Anzeichen des Rückgangs sind in Süd- und Westeuropa nicht zu verkennen.

Neben dem Schlangenadler gibt es noch weitere größere Greifvögel, die gelegentlich einmal in Mitteleuropa erscheinen und die, z. T. sogar früher regelmäßig, hier brüteten. Unter ihnen hat der Schreiadler *(Aquila pomarina)*, der seit 1928 in der Bundesrepublik als Brutvogel ausgestorben ist, noch ansehnliche Restbestände im Osten halten können. So schätzt man in der DDR noch etwa 80 und in Polen sogar rund 400 Brutpaare. Auch in der Tschechoslowakei brüten sicher über 50 Paare, einige davon wohl grenznah zur Bundesrepublik. So kann man also diesen, dem Steinadler ähnlichen Vogel noch gelegentlich einzeln bei uns beobachten. Seltener ist der oft zum Verwechseln ähnliche Schelladler *(Aquila chlanga)*, von dem z. B. in Polen noch ein Restbestand von 15–30 Paaren vermutet wird. Zum sicheren Ansprechen dieser beiden Arten gehört große Erfahrung und Spezialliteratur (s. S. 155).

Im Alpenbereich und seinen Randgebieten kann man auch heute noch gelegentlich Geier beobachten. Der Gänsegeier *(Gyps fulvus)* erscheint z. B. regelmäßig in den Salzburger Alpen. Man nimmt an, daß diese Geier von Südosteuropa stammen. Auch der Bartgeier *(Gypaetos barbatus)* hat sich in den letzten Jahren einzeln in den Alpen blicken lassen. Allerdings stammen nicht alle Geier, die heute gelegentlich auch weit ab vom Gebirge beobachtet werden, aus freier Natur. Mehrere Falkenhöfe und auch z. B. der Zoo in Salzburg halten frei fliegende zahme Geier, die oft weite Ausflüge unternehmen.

So muß man bei seltenen Greifvogelbeobachtungen immer damit rechnen, daß es sich um Gefangenschaftsflüchtlinge handelt. Hinweise auf Abstammung von Gefangenschaft ergeben z. B. genaue Beobachtung des Gefiederzustandes (abgestoßene Schwingen).

Schlangenadler (helle Unterflügel, breiter Kopf).

Gänsegeier.

Rohrweihe

Circus aeruginosus

K Fast bussardgroß, doch schlanker und schmalflügeliger. Beim Segeln und Gleiten werden die Flügel wie bei allen Weihen V-förmig nach oben gehalten. ♂ mehrfarbig: Schwanz hellgrau, Rücken und teilweise Oberflügel braun, Flügelspitzen schwarz, übriger Flügel hellgrau; Kopf hell. Unterseite des Körpers hell rotbraun, Vorderkörper kräftig gestrichelt. Flügelunterseite teilweise rotbraun, sonst hellgrau. ♀ dunkelbraun; Schultern und Flügelvorderrand weißlich bis hellgelb, ebenso Kehle und Oberkopf. Durch das Auge geht ein dunkler Strich bis zum Hinterkopf. Noch dunkler als ♀ sind juv., doch heller Kehlfleck und Oberkopf. ▪ Stimme normalerweise nur am Brutplatz zu hören; ♂ bei Balzflügen hell und nasal »quiä« oder ähnlich, auch in lockeren Reihen. Warnruf beider Geschlechter »keke-keke«. ▪ Fliegt meist niedrig über dem Boden mit weichen Flügelschlägen oder kurzen Gleitflugstrecken.

V Br. in Europa und Asien. ▪ Bei uns im allgemeinen seltener Br., etwas häufiger im Tiefland des Nordens; potentiell bedroht. Zugvogel; Winterquartier im Mittelmeerraum, aber auch in Afrika südlich der Sahara (März bis Oktober). ▪ Br. offener Landschaft, vor allem in der Nähe von Wasser im Schilf. Meist über Feuchtgebieten und schilfreichen Seeufern auf der Jagd.

F Nest im dichten Röhricht über Wasser oder auch zwischen anderen Sumpfpflanzen am Boden, seltener auf Wiesen und ausnahmsweise in Getreidefeldern. ▪ Legezeit Mai/Juni; 1 Jahresbrut. ▪ (2) 3–7 (8) Eier, glanzlos weiß bis bläulichweiß. ▪ ♀ brütet 31–36 Tage und wird vom ♂ mit Beute versorgt; Nestlingsdauer etwa 40 Tage.

N Kleine Vögel und Säugetiere bis zur Größe halbwüchsiger Bläßhühner und Enten. Gelegentlich werden auch von anderen Greifvögeln geschlagene tote Tiere angenommen. Alle Weihen sind auch Nesträuber (Eier, Jungvögel).

Die in Lebensweise und Aussehen sehr ähnlichen Weihen unterscheiden sich in einigen Merkmalen von den übrigen Greifvögeln recht auffällig, z.B. durch ihre grazile Gestalt und durch ihre langen, schlanken Flügel. Das Gesicht wirkt eulenartig, weil wie bei den Eulen die Federn um das Auge zu einem Schleier angeordnet sind. Alle Weihen legen ihr Nest am Boden an, meist in dichter Vegetation versteckt. Die Rohrweihe brütet als einzige auch regelmäßig über dem offenen Wasser im hohen Röhricht. Im Frühsommer verlegen sich alle Weihenarten mehr oder minder auf Nestraub und nehmen auch Vogeleier als Nahrung an.

Der Bestand der Rohrweihe hat sich seit der Einführung einer ganzjährigen Schonzeit auf Greifvögel erholt. Neuerdings können auch Wiederansiedlungen und leichte Bestandszunahmen dort beobachtet werden, wo die Art schon fast ausgestorben war. Damit ist der negative Einfluß von Abschuß und Fang auf Bestände seltener Greifvögel eindeutig bewiesen. Wie stark der Abschuß wohl auch den Bestand der ohnehin nicht häufigen Rohrweihen gezehntet hat, mag allein die Tatsache zeigen, daß z.B. in Schleswig-Holstein auf einer Fläche von rund 1000 ha 1965–1972 nicht weniger als 196 Rohrweihen erlegt wurden. Man nimmt an, daß auch die zunehmende Eutrophierung unserer Gewässer, die z.T. üppiges Schilfwachstum zur Folge hatte, die Brutmöglichkeiten für die Rohrweihe verbesserte. Dem steht allerdings entgegen, daß Seeufer heute im Sommer durch Badebetrieb, Wassersport, Campingbetrieb und Angler sehr stark gestört sind, und vielerorts Schilfbestände sich gar nicht mehr richtig entwickeln können. Durch Entwässerung und Grundwasserabsenkungen werden zudem immer noch potentielle Brutgebiete vernichtet. Rohrweihenhorste in Getreidefeldern haben meist keinen Bruterfolg.

Diese Rohrweihen im Schilfnest sind bald flügge.

Weibchen der Rohrweihe trägt Nistmaterial zum Nistplatz.

Kornweihe

Circus cyaneus

K Bei Korn-, Wiesen- und Steppenweihe sind die ♂ sicher voneinander zu unterscheiden, jedoch die ♀ einander so ähnlich, daß es nur ganz geübten Beobachtern möglich ist, die Art zu bestimmen. Alle sind kleiner und schlanker als die Rohrweihe. ♂ der Kornweihe sehr hell; Oberseite hell bläulichgrau, Kopf und Vorderkörper hellgrau, sonst Unterseite weiß. Flügelspitzen gerade abgeschnitten schwarz. 1jährige ♂ ähnlich gefärbt. Juv. und ♀ braun; Unterseite längsgestreift; auf der Oberseite weißer Bürzel scharf abgesetzt. ▪ Stimme wenig zu hören, nur am Brutplatz. Während des Schaufluges hört man meckernde »kekkekkekek« und vom ♂ hohe pfeifende »pjupju«. ▪ Gaukelnde Flüge niedrig über dem Boden mit meist V-förmig nach oben gehobenen Flügeln.

V Br. im mittleren und nördlichen Eurasien und in Nordamerika. ▪ Bei uns sehr seltener Br., im Süden fehlend oder nur ausnahmsweise; vom Aussterben bedroht. Gelegentlich aber in Moor- und Wiesengebieten Gast, auch im Winter. Kurzstreckenzieher und Strichvogel. ▪ Bei uns vor allem Br. in Heidegebieten, Mooren und feuchten Wiesen; Jagdgebiete im offenem Kulturland, auch am Wasser.

F Nest am Boden auf trockenem bis feuchtem Untergrund zwischen höherstehenden Pflanzen. ▪ Legezeit Mai/Juni; 1 Jahresbrut. ▪ (3) 4–6 (7) weißliche Eier. ▪ ♀ brütet etwa 29–31 Tage und wird vom ♂ mit Nahrung versorgt; Nestlingsdauer etwa 40 Tage.

N Kleine Vögel und Säugetiere des offenen Landes; im Winter vor allem Mäuse.

Kornweihen sind heute als Brutvögel in weiten Teilen Mitteleuropas ausgestorben. Den Brutbestand der Bundesrepublik Deutschland schätzt man gegenwärtig auf weniger als 20 Paare. Lebensraumzerstörung, vor allem durch die Landwirtschaft, Torfindustrie und Wasserwirtschaft, steht an erster Stelle der Ursachen. Bis zur Einführung der ganzjährigen Schonzeit trug auch die Bejagung Schuld am Rückgang. Auch in Gegenden in denen die Art nicht mehr brütet, kann man sie von Herbst bis Frühjahr, vorzugsweise auf Moor-, Heide- und Brachflächen, beobachten. Oft bilden die Vögel kleine Schlafplatzgesellschaften. An Wintertagen finden schon an Nachmittagen die Einflüge zum Übernachtungsplatz statt. Meist überwiegen »Schlichtkleidvögel«, also Weibchen und Jungvögel. Manchmal können solche Schlafplatzkonzentrationen mehr als 20 Individuen umfassen. In günstigen Fällen bleiben solche Übernachtungsplätze über viele Jahre hinweg erhalten.

Alle Weihenarten scheinen zu Polygynie zu neigen. Ein Männchen ist also mit 2 oder mehreren Weibchen verpaart. Bei der Kornweihe ist dieses Phänomen besonders eingehend in größeren Populationen der Britischen Inseln untersucht worden. 1jährige Männchen haben dort in der Regel nur 1 Weibchen, mehrjährige Männchen jedoch zu einem hohen Prozentsatz 2 oder mehr. Bis zu 6 Weibchen (in den Niederlanden sogar 1mal 7 Weibchen) wurden bei einem Männchen beobachtet; am häufigsten kamen neben Einzelpaaren 2 Weibchen pro Männchen vor. Auf den ersten Blick scheint diese Polygynie Nachteile zu haben, denn bei der Versorgung der Jungen wird die Arbeitskraft des Männchen, das einen wesentlichen Anteil der Beute herbeibringt, zwischen 2 oder mehr Nestern aufgeteilt. Am meisten Junge, nämlich etwa 2,3 pro Nest, flogen daher bei Einzelpaaren aus. Deutlich geringer war der Bruterfolg mit zunehmender Zahl der Weibchen (z.B. pro Männchen 2 Weibchen: 1,5; pro Männchen 4 Weibchen: nur noch 1,0). Rechnet man aber bei polygynen Männchen jeweils den Bruterfolg der einzelnen Nester zusammen, dann ergeben sich für sie höhere Nachwuchszahlen pro Jahr als für monogame Männchen. Für die Weibchen hat möglicherweise die Polygynie den Vorteil, daß bei Weibchenüberschuß ein größerer Prozentsatz zu einer Brut kommt, und damit der zur Verfügung stehende, von den Männchen in Reviere aufgeteilte Platz besser ausgenutzt werden kann.

Auch bei Rohr- und Wiesenweihe ist Polygynie in Einzelfällen beobachtet worden mit ganz ähnlichen Ergebnissen wie bei der Kornweihe. Man kann diese merkwürdige Erscheinung offenbar als bestmögliche Ausnützung der vorhandenen Brutmöglichkeiten betrachten.

Kornweihen-Weibchen (beachte helle Gesichtszeichnung und »Halskragen«) am Luder.

Wiesenweihe

Circus pygargus

K Schlanker als Kornweihe, vor allem schmalere Flügel. ♂ oberseits dunkler grau als Kornweihe und Steppenweihe; Vorderkörper grau. Weiße Körperunterseite rostbraun gestrichelt; quer über den Flügel läuft eine recht deutlich erkennbare schwarze Binde (von oben und unten zu sehen). ♀ den Kornweihen außerordentlich ähnlich und kaum sicher davon zu unterscheiden. ■ Stimme außerhalb des Brutplatzes kaum zu hören; ♂ beim Balzflug hoch »käkä ...«; Alarmrufe hoch »jikjikjik ...«. ■ Gaukelnder Suchflug, oft niedrig über dem Boden, mit V-förmig nach oben weisenden Flügeln; wirkt außerordentlich schlank.

V Br. von Europa bis West- und Mittelsibirien. ■ Bei uns sehr selten, nur in der norddeutschen Tiefebene etwas häufiger; vom Aussterben bedroht. Langstreckenzieher, Winterquartier in Afrika südlich der Sahara (April bis September). ■ Brutplätze in feuchten Wiesen; Verlandungszone von stehenden Gewässern (aber nicht im hohen Schilf). Jagdgebiete über offenen Flächen, Wiesen, Äkkern, Mooren usw.

F Nest am Boden, auf feuchtem bis trockenem Untergrund. ■ Legezeit Mitte Mai bis Juni; 1 Jahresbrut. ■ (2) 3–5 (6) weißliche Eier. ■ ♀ brütet 28–35 Tage; wird vom ♂ mit Beute versorgt. Nestlingszeit 35–40 Tage.

N Kleine Vögel und Säugetiere, aber auch Insekten und Reptilien. Im Sommer Jungvögel und Eier.

Im Unterschied zu den beiden anderen hellen Weihen kommen bei der Wiesenweihe gelegentlich ganz abweichend dunkelbraun gefärbte Individuen vor. Es handelt sich hier um Melanismus, eine übermäßige Vermehrung dunkler Farbstoffe (Melanine). Schon im Nest sind melanistische Dunenjungen an ihrem dunkler grauen Dunenkleid von den Geschwistern zu unterscheiden. Erbliche Farbabweichungen sind unregelmäßig und einzeln von vielen Arten bekannt. Totaler Farbstoffausfall liegt beim Albinismus vor; auch der Haut und den Augen fehlt das Pigment. Wenn alle Federn weiß sind, Haut und Augen aber pigmentiert, spricht man von Leukismus. Bei parziellem Albinismus sind nur Teile des Gefieders weiß (z.B. Stadtamseln, s. Band 1, S. 65).

Auch den Wiesenweihen ist wohl der verstärkte Greifvogelschutz des letzten Jahrzehntes in manchen Teilen Mitteleuropas zugute gekommen; zumindest fanden kleine Neuansiedlungen statt. Allerdings ist das Verbreitungsbild bei uns recht unstet. Oft siedeln sich plötzlich einige Paare an, die manchmal auf engem Raum nebeneinander brüten (mitunter Polygynie, s. S. 37), dann aber ebenso plötzlich für viele Jahre oder Jahrzehnte verschwunden bleiben. Oft sind allerdings die Gründe dafür ganz einsichtig, denn Wiesenweihen sind vielfach gezwungen, ihre Nester auf bewirtschaftetem Grünland oder gar in Getreidefeldern anzulegen. Hier spiegelt sich die nachteilige Veränderung des Biotopangebotes wider. So konnten z. B. in Schleswig-Holstein zwischen den Zeiträumen 1965/75 und 1976/80 folgende Veränderungen festgestellt werden: Nester in Verlandungszonen von Seen 44 bzw. 20%, in Getreidefeldern 2 bzw. 29%, in Wiesen 1 bzw. 7%. Bruten auf landwirtschaftlichen Flächen, die eine enorme Zunahme erfuhren, sind durch die Erntemaßnahmen außerordentlich gefährdet. Verschiedentlich ist es Vogelschützern gelungen, beim Bekanntwerden einer Wiesenweihenbrut Landwirte zu veranlassen, die unmittelbare Nestumgebung nicht abzumähen oder die Mahd zu verschieben. Manchmal geht dies allerdings nicht ohne eine gewisse Entschädigung für den wirtschaftlichen Ausfall ab. Auch das ist Vogelschutz.

Balzende Wiesenweihen; Männchen rechts oben.

Sehr ähnlich Korn- und Wiesenweihe ist die Steppenweihe *(Circus macrourus)*, die in Mitteleuropa nur ein seltener Gast ist. Ihre Brutgebiete liegen in Osteuropa und Asien.

Wiesenweihen-Männchen; die schwarze Binde ist am rechten Flügel zu erkennen.

Habicht

Accipiter gentilis

K ♀ etwa bussardgroß; ♂ deutlich kleiner, kaum größer als Rabenkrähe. Von Bussarden durch langen Schwanz und kurze, breite Flügel unterschieden. ♂ im Flugbild manchmal schwer von Sperber-♀ zu unterscheiden; doch Hinterrand des Flügels stärker geschwungen, Schwanz breiter und an den Ecken meist deutlicher gerundet, Körper kräftiger. Langsamere Flügelschläge als bei Sperber, oft längere Gleitphasen im Flug eingeschoben. Oberseits schiefergrau bis graubraun, dunkle Kopfplatte, weißer Überaugenstreif; Unterseite weiß, fein schwarz quer gebändert. Juv. oberseits dunkelbraun, unterseits rahmfarben bis roströtlich; statt der feinen Querstreifung kräftiges Muster aus dunkelbraunen Längsflecken. ■ Nur am Nest ruffreudig. Viele »gik gik gik ...« (»kirren«) zeigen Erregung an. Standortlaute der Jungen kurz vor dem Flüggewerden »klijäh«. ■ Im typischen Streckenflug wechseln Flügelschläge mit Gleitstrecken ab; auch ausgesprochener Segelflieger. Beutefang unter Ausnutzung von Deckung im Überraschungsangriff; Anflug meist niedrig über dem Boden.

V In der Waldzone Eurasiens bis an den Pazifik und in Nordamerika. ■ Bei uns weit verbreitet in waldreichen Gebieten, aber viel seltener als Mäusebussard; potentiell bedroht (s. unten). Stand- und Strichvogel, der in Mitteleuropa nur ausnahmsweise weite Wanderungen unternimmt. ■ Jagdgebiete in möglichst abwechslungsreicher Landschaft mit Deckungsmöglichkeiten; Brutplätze in Wäldern mit alten Baumbeständen. Jagt bevorzugt an Waldrändern und in Busch- und Heckenlandschaften.

F Horst auf hohen Waldbäumen. ■ Legezeit Ende März bis Mai; 1 Jahresbrut. ■ 2–5 Eier, weißlich bis hellbraun. ■ Brutdauer 35–42 Tage, überwiegend brütet das ♀; ♂ sorgt für Nahrung für das brütende ♀ und die kleinen Jungvögel. Nestlingszeit 36–40 Tage; Junge bleiben dann noch mehrere Tage auf den Ästen um den Horst sitzen.

N Vielseitiger Vogeljäger; Kleinsäuger treten zurück, spielen aber im Gegensatz zum Sperber eine größere Rolle. Beutegröße von Maus bis Kaninchen, Kleinvogel- bis knapp Hühnergröße. ♀ schlagen meist größere Beute als ♂ (bis größere Hühner, Hasen). In Mitteleuropa bilden meist Tauben die wichtigste Nahrung, ferner Eichelhäher, Rebhuhn, Singvögel von Drosselgröße, Krähen, Elster usw.

Kaum ein anderer Greifvogel ist zu einem derartigen Symbol für rücksichtslose Verfolgung geworden wie der Habicht. Selbst in unseren Tagen nimmt man immer wieder diese Art zum Anlaß, um die generell verfügte ganzjährige Schonzeit aller Greifvögel zu durchlöchern und aufzuheben. Da ist von »überhöhten Habichtbeständen« die Rede und von der Gefahr für das Niederwild. Über 150 Jahre lang hat der Habicht unter rücksichtsloser Verfolgung zu leiden gehabt. Trotz mancher gegenteiliger Beteuerung dürfte erwiesen sein, daß die langanhaltende, durch verbesserte Technik immer wirksamere Verfolgung in vielen Teilen Mitteleuropas einen katastrophalen Rückgang des Bestandes bis in die 50er Jahre des 20. Jh. zur Folge hatte. Hinzu kamen dann noch ungünstige Veränderungen der Lebensräume und zunehmend illegale Aushorstung durch »Greifvogelliebhaber«. Schließlich hat, zumindest in einigen Gebieten Europas, in unterschiedlich starkem Umfang die Belastung mit Pestiziden eine nicht zu unterschätzende Rolle gespielt.
Verbesserte gesetzliche Schonung, gebietsweise auch das Verbot mancher Pestizide haben etwa seit Beginn der 70er Jahre vielerorts zu einer Bestandserholung geführt. Dies hatte wiederum zur Folge, daß man von Vermehrung und Überhandnahme sprach. Heute ziehen Verbände von Jägern, Taubenzüchtern, Kleintierhaltern usw. gegen den ganzjährigen Greifvogelschutz zu Felde und die Diskussionen um das »Kurzhalten der Räuber« reißt nicht ab.
Erschwert wird die Aufklärung über die Rolle des Habichts dadurch, daß einmal die Erforschung der Räuber-Beute-Beziehungen außerordentlich kompliziert ist und zum anderen mit

Junghabicht (beachte Längsfleckung auf der Brust) rupft einen Eichelhäher.

der Erholung der Habichtbestände in vielen Gegenden Mitteleuropas ein starker Rückgang von Rebhuhn, aber auch Feldhase zusammenfiel. Diese Entwicklung ist aber eindeutig eine Folge moderner Methoden der Landbewirtschaftung und auch der dadurch veränderten Struktur der Agrarlandschaft (vgl. S. 83). Auch der Fasan als besonders geschätztes Niederwild muß herhalten, um Schuß und Fang nach Habichten durch behördliche Ausnahmegenehmigung zu erzwingen. Dabei hat man z.B. ganz übersehen, daß die Hauptbeutetiere des Habichts, nämlich Tauben, teilweise enorm zugenommen haben, wie Ringel- und Türkentaube beweisen.

Lange Zeit war man darauf angewiesen, durch Beutelisten die Rolle der Greifvögel im Gefüge einer Lebensgemeinschaft mehr oder minder überzeugend zu beschreiben. Doch ist es außerordentlich schwierig, auf Grund von Rupfungsfunden und Beuteresten ermittelte Nahrungsspektren in Beziehung zur Populationsdynamik der Beutetiere zu setzen. Entnahmen aus dem Bestand einer Beutetierpopulation wirken sich zu verschiedenen Jahreszeiten ganz unterschiedlich aus. Sicher ist richtig, daß eine bestimmte »Abschöpfung« zur Gesunderhaltung des Bestandes nötig ist. Unrichtig aber ist dagegen die Verallgemeinerung, daß z.B. Habichte und andere Greifvögel »nur« kranke und verletzte Tiere schlagen, wenn auch nachgewiesenermaßen unter Beutetieren ein recht hoher Prozentsatz von Individuen mit kleinen Defekten zu finden ist. Noch eine weitere falsche Vorstellung muß korrigiert werden: Der Habicht habe heute keinen natürlichen Feind mehr; an seine Stelle müsse der jagende Mensch treten. Die Regulation des Habichtbestandes erfolgt, wie auch bei anderen Greifvögeln und Eulen erwiesen (vgl. z.B. S. 47), durch das Nahrungsangebot bzw. die innerartliche Konkurrenz um Reviere und Lebensraum.

Mittlerweile haben neuartige Methoden Eingang in die Habichtforschung gefunden, nämlich die Telemetrie. So wurden in Schleswig-Hol-

Habicht-Weibchen am Horst mit ca. 14tägigen Jungen.

Hier hat ein Habicht eine Elster gerupft. Ihre Beute zerlegen Habichte in der Regel in einem Versteck und nicht auf freiem Feld.

stein Habichte mit kleinen Sendern ausgerüstet, deren Signale von mobilen und festen Empfangsstationen aufgefangen werden können. Damit kann man alle Ortsveränderungen der Vögel registrieren. Erste Ergebnisse aufwendiger Untersuchungen bestätigen, daß Habichte generell am Rückgang ihrer Beutetiere keine wesentliche Ursache haben. Selbst die Erholung eines Rebhuhnbestandes, der durch einen harten Schneewinter starke Einbußen erlitten hatte, wurde durch jagende Habichte kaum behindert, obwohl sie etwa 10% der Population geschlagen hatten.

Etwas anders lagen die Dinge beim Fasan, der ja in Mitteleuropa künstlich eingebürgert ist, und dessen Bestände auch heute noch in vielen Gebieten durch Nachschub aus Gefangenschaft aufrechterhalten werden müssen (s. S.87). In einem suboptimalen Lebensraum des Fasans wurden wohl mehr als ein Drittel der ausgesetzten Fasane vom Habicht geschlagen. Dabei waren die geschlagenen Fasane durchwegs in guter Verfassung. In einem Fasanenrevier mit wesentlich besseren Deckungsmöglichkeiten waren jedoch die Habichtsverluste gemessen an der Population deutlich geringer. Der Habicht kann also durchaus dem Fasan gefährlich werden, vor allem dann, wenn Fasane in Gebiete entlassen werden, die keine optimalen Lebensbedingungen bieten. Die Anpassung eines Beutetieres an seine Umgebung und die Qualität des Lebensraumes entscheiden also darüber, ob die Entnahme durch den Habicht zu Buche schlägt oder nicht.

Der Habicht wird auch als großer Feind der Taubenzüchter betrachtet, nicht ganz zu unrecht. Bestimmte Haustaubenrassen sind für den Habicht leicht zu greifen. An manchen Taubenschlägen ist die Erreichbarkeit der Beute für den Habicht besonders günstig. Schließlich machen Brieftaubenzüchter den Habicht auch dafür verantwortlich, daß gerade die besten Sporttauben bevorzugt geschlagen werden. Auch das ist sicher richtig, denn solche Tauben fliegen häufig allein und nicht im Schwarmverband. Der Jagdtechnik des Habichts entspricht es nicht, einen Einzelvogel mitten aus dem Schwarm herauszuschlagen. Er sucht vielmehr abgesprengte Individuen bevorzugt aus.

Sperber

Accipiter nisus

K ♂ kleiner, ♀ etwas größer als Turmfalke (s. Habicht). Wie Habicht im Flug kurze, runde Flügel und langer Schwanz, der meistens im Unterschied zum Habicht gerade abgeschnitten ist. Weiße Unterseite quergebändert, bei juv. Bänderung breiter und an der Brust meist in Pfeilspitzenform. ♂ ad. blaugraue Oberseite und rötliche Unterseitenbänderung. ♀ ad. Oberseite mehr graubraun, Unterseite dunkelbraun quergebändert. ■ Junge betteln in Horstnähe nach dem Ausfliegen laut und klangvoll etwa »wüüjg-wüüjg ...«, ♀ etwas tiefer. Ad. z. B. im Balzflug Reihen wie »jügjügjü gjü ...« oder »wäk wäk wäk ...« ■ Das Erscheinen eines Sperbers wird meist durch intensives hohes Warnen der Kleinvögel angekündigt (wichtiger Hinweis!). Reißender Flug aus der Deckung heraus, gelegentlich auch höher im Luftraum segelnd (nicht so häufig wie der Habicht). Im Sitzen wie Habicht steil aufgerichtet; wirkt mit eingezogenem Kopf etwas bucklig.

V Br. in Nordafrika, Europa und Asien bis an den Pazifik. ■ Bei uns verbreiteter Br., aber nirgends häufig; potentiell gefährdet. Zug-, Strich- und Standvogel der vom südlichen Nordeuropa bis Südafrika überwintert. Nur ein Teil unserer Brutvögel wandert ab. ■ Bevorzugt strukturreiche Landschaft mit Wechsel von Wäldern, Hecken und Buschgeländen; jagt vor allem im Winter auch in der Nähe von Ortschaften, in Gärten oder in Stadtparks. Horste in geschlossenen Stangenhölzern, vor allem Kiefern- und Fichtenforste, aber auch Laubwälder.

F Nest auf jungen oder mittelalten Bäumen; wird im Unterschied zu größeren Greifvögeln jedes Jahr neugebaut. ■ Legezeit Ende April bis Ende Mai/Anfang Juni; 1 Jahresbrut. ■ (3) 4–6 (7) Eier; Grundfarbe weiß, mit grauen und braunen Flekken übersät. ■ Ausschließlich das ♀ brütet etwa 33–36 Tage; ♂ versorgt ♀ schon vor Brutbeginn mit Futter, später auch die Brut; Nestlingsdauer 24–30 Tage.

N Vor allem Kleinvögel bis über Drosselgröße; Kleinsäuger machen normalerweise nur einen geringen Anteil aus. Zu den häufigsten Beutetieren zählen Haussperling, Finken, Lerchen, Drosseln und viele andere Arten. ♂ schlagen nicht selten kleinere Vögel als ♀.

Sperber und Habicht sind in erster Linie Überraschungsjäger, die ihren Flug auf kurzen Strecken stark beschleunigen können, dabei aber auch noch außerordentlich wendig sind. Meist ist es ihnen nicht möglich, den kraftraubenden Jagdflug auf langen Strecken durchzuhalten, daher wird Deckung ausgenützt. Beim Sperber können Verfolgungsjagden so heftig sein, daß es vor allem im Winter im Bereich von menschlichen Siedlungen zu Unfällen kommt. Immer wieder stößt einmal ein Sperber gegen eine Fensterscheibe oder andere Hindernisse. Oft sind auch für den Beobachter Begegnungen mit dem Sperber nur kurz und flüchtig. Besonders wichtig ist daher, auf die Reaktion der Singvögel zu achten. Hoher durchdringender Alarm signalisiert meistens einen fliegenden Sperber.

Wie bei vielen Greifvögeln herrscht auch beim Sperber während der Eiablage, Bebrütung und Aufzucht der Jungen eine Arbeitsteilung zwischen den Geschlechtern. Sie ist bei ihm sogar besonders streng entwickelt. Bereits einige Zeit vor der Eiablage wird das Weibchen durch das Männchen mit Nahrung versorgt. Dies setzt sich fort während der gesamten Bebrütungszeit, in der das Weibchen nur für ganz kurze Zeit das Nest verläßt. Die Übergabe findet meist an einem bestimmten Rupfplatz im Revier in Horstnähe statt. Das Weibchen bleibt auch fast ununterbrochen bei den frischgeschlüpften Jungen, hudert sie oder schützt sie vor Sonne oder Regen. Das Männchen bringt in den ersten Tagen die Beute gerupft zum Horst, das Weibchen verteilt und verfüttert sie an die Jungen. Später findet die Übergabe außerhalb des Nestes in der Luft statt. Fällt das Weibchen aus, muß die Brut verhungern. Das Männchen ist nämlich nicht in der Lage, die angeschleppte Beute auch an die Jungen zu verteilen. Erst gegen Ende der Nestlingszeit beteiligt sich auch das Weibchen wieder an der Jagd; die Beute wird von Männchen und Weibchen für die Jungen nicht mehr zerlegt. Ab etwa 35 Tagen fliegen die Jungen dann den Altvögeln bettelnd entgegen (Bettelflugperiode).

Da die Weibchen schon vor der Eiablage nicht mehr zur Jagd fliegen, können sie mit der Schwingenmauser beginnen, die großenteils während ihrer starken Nestbindung relativ rasch abläuft. Die Männchen, die allein auf die Jagd fliegen, beginnen mit der Mauser später. Auch läuft bei ihnen die Schwingenmauser langsamer ab, da die Vögel ja ständig voll flugtüchtig sein müssen. Ähnliche Unterschiede in der Mauser zwischen den Geschlechtern zur Brutzeit sind auch beim Habicht zu beobachten.

Sperber, Jungvogel im 1. Lebensjahr; deutlich sind der lange Schwanz und die kurzen Armschwingen als charakteristische Kennzeichen der Art zu sehen.

Sperber-Weibchen.

Mäusebussard

Buteo buteo

[K] Häufigster größerer Greifvogel in der Kulturlandschaft. Flugbild mit breiten Flügeln, relativ kurzem, gerundetem Schwanz und eingezogenem Kopf. Im Segelflug Flügel häufig etwas V-förmig angehoben und die Flügelspitzen aufwärts gebogen. Grundfarbe dunkel- bis schwarzbraun, jedoch große Unterschiede in Helligkeit und Zeichnung. Von der Unterseite her im Bereich der Flügel meist mehr oder minder stark aufgehellt, gelegentlich auch helles Halsband zu erkennen. Von der Unterseite am dunkelsten sind Flügelspitzen, Flügelhinterrand und ein mehr oder minder ausgedehnter dunkler Fleck im Bereich des Flügelknicks sowie dunkler Flügelvorderrand, der bis zur Mitte reichen kann. Schwanz mehr oder minder deutlich fein gebändert; oft etwas breitere dunkle Endbinde zu erkennen. ■ Häufigster Ruf, der das ganze Jahr über zu hören ist, ein hohes miauendes »hiää«. ■ Mäusebussarde sieht man häufig über dem offenen Kulturland kreisen, aber auch als dunkle, große Vögel auf Weidepfosten, einzelnen Bäumen, im Winter nicht selten entlang von befahrenen Straßen sitzend.

[V] Br. in fast ganz Europa und im nördlichen Asien ostwärts bis an den Pazifik. ■ Bei uns neben dem Turmfalken der verbreitetste Greifvogel. Stand-, Strich- und Zugvogel; ein Teil des mitteleuropäischen Brutbestandes zieht ab; Wintergäste aus Norden und Osten wandern ein. ■ Jagdgebiet vor allem im offenen Kulturland über Feldern und Wiesen, auch entlang von Straßen und Wegen. Brutplätze jedoch im geschlossenem Wald meist in Randlage; seltener Horst in kleinen Gehölzen.

[F] Horst auf Bäumen, meist hoch über dem Boden. ■ Legezeit Mitte März bis Anfang Mai; 1 Jahresbrut. ■ 2–3, seltener 1 oder 4 (5) Eier; mittlere Gelegegröße oft von Jahr zu Jahr etwas unterschiedlich im Zusammenhang mit dem Nahrungsangebot (s. unten); Eier weiß mit sehr variabler grauer und brauner Fleckung. ■ Brutdauer 32–34 Tage; offenbar brüten ♂ und ♀. Nestlingsdauer 42–49 Tage.

[N] Kleine Bodentiere, in erster Linie Wühlmäuse (bei uns vor allem Feldmaus); daneben auch andere Kleintiere bis zur Größe junger Kaninchen und junger Hasen; auch Jungvögel, Reptilien und Amphibien und sogar Insekten. Größere Beutetiere, vor allem im Winter, sind meist geschwächt oder verletzt; geht auch an tote Tiere und Aas.

Als der häufigste Greifvogel der Kulturlandschaft gibt auch der Mäusebussard immer wieder Anlaß für Jagdverbände, den Abschuß angeblich überhandnehmender Greifvögel zu fordern. Obwohl das Beutespektrum des Mäusebussards in erster Linie von Kleinsäugern bestimmt wird und er im Gegensatz zum Habicht keine ausgewachsenen Rebhühner, Fasane oder Hasen jagen kann, wird ihm die schlechte Situation des Niederwildes mit zur Last gelegt. Wenigstens teilweise ist die unerfreuliche und unfruchtbare Diskussion, die schon über viele Jahrzehnte anhält, mit Verständnisschwierigkeiten zu erklären. Mäusebussarde schlagen schon einmal einen jungen Hasen und sind vor allem auch in strengen Wintern mitunter an einem toten Hasen oder Fasan zu sehen. Bei erwachsenen Tieren darf man aber wirklich sicher sein, daß sie nicht im vollen Besitz ihrer Kräfte waren, denn sonst könnte sie ein Bussard nicht schlagen. Hinzu kommt, daß vor allem im Winterhalbjahr Bussarde sich gern entlang von Straßen aufreihen. An geneigten Straßenböschungen schmilzt der Schnee oft rascher und so wird die Mäusejagd wieder möglich. Aber auch die durch den Verkehr getöteten oder verletzten Tiere bedeuten bei Schnee und Eis eine willkommene Bussardnahrung. So entsteht oft der Eindruck einer außerordentlichen Größe des Mäusebussardbestandes. Möglicherweise hat auch die Fluchtdistanz der Bussarde seit Einführung der ganzjährigen Schonzeit auf Greifvögel abgenommen.

Ein wichtiger Umstand, der die Diskussion erschwert, ist aber die Tatsache, daß die Brutbestände von Mäusebussarden von Jahr zu Jahr in Abhängigkeit vom Hauptnahrungstier, das ist die Feldmaus, erheblich schwanken können, ähnlich wie bei vielen Eulen. Auch die Witterung kann vor allem während der Jungenaufzucht eine entscheidende Rolle bei der Regulation des Bestandes spielen. Kalte und nasse Tage in kritischen Phasen der Jungenentwicklung führen mitunter zu erheblichen Verlusten, ebenso natürlich besonders schneereiche und harte Winter unter den Altvögeln. So können die Schwankungen des Bussardbestandes innerhalb kurzer Zeit gewaltige Zu- oder Abnahme vortäuschen.

Mäusebussardhorst vor der Brutzeit. Viele Nester werden jahrelang benutzt.

Ein Beispiel: In einem großen fränkischen Untersuchungsgebiet wurde 1977 eine Dichte von weniger als 10 Brutpaaren auf 100 km² ermittelt, ein Jahr später dagegen von über 15. Demnach hätte also der Bestand binnen Jahresfrist auf das 1½fache zugenommen. Doch handelte es sich lediglich um eine kurzfristige Schwankung, wie die Zählungen von insgesamt 9 Jahren (1971–1979) beweisen, in denen der Brutbestand des Mäusebussards sich auf das jeweils wechselnde Nahrungsangebot einstellte und ganz unterschiedliche Größe aufwies. Trotz der scheinbar enormen Zunahme von 1977 auf 1978 war der Bussardbestand in den 9 Untersuchungsjahren konstant geblieben.

Man gewinnt also häufig nach wenigen Jahren Zählung ein falsches Bild der wirklichen Bestandssituation; Zu- und Abnahme werden vorgetäuscht. In Jahren mit geringem Feldmausbestand verringert sich

z. B. nicht nur die Gelegegröße etwas, sondern vor allem auch die Zahl der pro Nest ausfliegenden Jungen, die nicht optimal ernährt werden können. Ganz abgesehen davon beginnen in ungünstigen Jahren gar nicht alle vorhandenen Brutpaare wirklich mit einer Brut. Mitunter bleibt es bei Revierbezug und Balzflügen. Sogar grüne Zweige werden in den alten Horst eingetragen, doch Eier dann nicht mehr gelegt. In unserem Beispiel aus Franken betrug z. B. die durchschnittliche Jungenzahl pro Horst im letzten Jahr der Untersuchungsreihe (1979) nur 1,04. Im Jahr

Dunkler Mäusebussard auf der Jagdwarte.

davor, einem Gipfeljahr des Massenwechsels der Feldmaus, flogen jedoch 2,25 Junge, also mehr als doppelt soviel, aus jedem Bussardhorst aus. Die Werte aller übrigen Jahre lagen zwischen diesen beiden Extremen.

Wir können daraus schließen, daß auch ohne Eingreifen des Menschen Regulationskräfte am Bussardbestand arbeiten. In einer 12jährigen Untersuchungsreihe auf einer Probefläche von 400 km^2 in der Schwäbischen Alb konnte sogar festgestellt werden, daß im günstigsten Jahr 6,5 mal soviel Junge flügge wurden wie im ungünstigsten. Auch hier hatte sich während des gleichen Zeitraumes der Gesamtbestand der brütenden Mäusebussarde nicht wesentlich verändert!

Greifvogelzählungen und Ermittlungen des Brutbestandes sind eine sehr schwierige Angelegenheit und zwar nicht nur, weil manche Arten (z. B. Sperber und Habicht) sehr versteckt brüten. Bei landesweiten Umfragen und Hochrechnungen, wie sie in letzter Zeit verschiedentlich durchgeführt wurden, gibt es auch große statistische Probleme. Das wird in der Praxis oft übersehen und so kann es vorkommen, daß z. B. Umfrageergebnisse erheblich von realistischen Werten abweichen. Als ganz grober Anhaltspunkt kann gelten, daß dort, wo Mäusebussarde brüten, in der Regel auf 100 ha nicht einmal 1 Paar kommt. Beim Habicht ist die Siedlungsdichte sogar noch um die Hälfte geringer. Schon diese ganz groben Mittelwerte zeigen, daß der Lebensraum eines Mäusebussard-, Habicht- oder Sperberpaares größer ist als die kleinsten gesetzlich zulässigen menschlichen Jagdreviere, die schon bei 75 ha beginnen. Wenn also Landesjagdverbände durch Umfragen ermitteln, wieviele Habichte und Bussarde in den einzelnen Revieren vorhanden sind und diese Zahlen nach Revieren addieren, kommt es zwangsläufig zu Doppel- und Mehrfachzählungen. Dasselbe Bussardpaar wird z. B. 2 benachbarten Revieren zugeordnet. Ganz abgesehen davon halten sich nun einmal Greifvögel mit ihren Brut- und Nahrungsrevieren nicht an die Verwaltungsgrenzen von Jagdrevieren. So ist es eigentlich nicht verwunderlich, daß unabhängige Bestandsauf-

Relativ helle Mäusebussarde (vgl. mit der Abb. gegenüber) sind keineswegs immer nordische Wintergäste. Die Aufnahme gelang am ausgelegten Luder.

nahmen von Jagdverbänden und Ornithologen für einzelne Gebiete oft stark voneinander abweichen.
Besonders interessante Ergebnisse liegen aus dem Rheinland und aus Nordrhein-Westfalen vor. Hier lag der durch die jeweiligen Landesjagdverbände ermittelte »Bestand« des Mäusebussards 3mal so hoch wie die von den Ornithologen ermittelten Höchstwerte. Beim Habicht lagen die Verhältnisse zwischen 3 und 4:1 und beim Sperber sogar zwischen 6 und 8,3:1. Die Erklärung dieser Abweichungen liegt z.T. in den oben erwähnten Mängeln der Zählmethodik, aber auch darin, daß Hochrechnungen von untersuchten Flächen auf fehlende nicht ohne weiteres zulässig sind. Im übrigen wurde offenbar von manchen Jägern übersehen, daß ein einziges Habicht- oder Mäusebussardpaar oft über mehrere Horste verfügt, die in einzelnen Jahren wechselweise bezogen werden. Dieser wichtige Umstand wird bei der Angabe von Horsten oft übergangen. Korrekte Zählung von Horsten ist nicht gleichzusetzen mit der Anzahl von Brutpaaren.
Auch im Winter schwankt der Bestand des Mäusebussards erheblich je nach Witterung. Im Mittel kann man davon ausgehen, daß etwa die Hälfte der mitteleuropäischen Mäusebussarde abzieht. Unter den 1jährigen Jungvögeln ist der Anteil der Zugvögel meist größer als bei den alten. Allgemein nimmt aber der Anteil der ziehenden Mäusebussarde nach Norden und Osten zu. In sehr kalten Wintern können noch im Januar Winterfluchtbewegungen zu beobachten sein. Meist sind bei lang anhaltender Schneedecke und tiefen Frost die Verluste relativ hoch. 50–60% beträgt die Sterblichkeit im 1. Jahr nach dem Ausfliegen; in den folgenden Jahren sinkt sie auf 30% oder weniger. Der älteste bis jetzt bekannte Mäusebussard wurde über 25 Jahre alt; die normale Lebenserwartung liegt nach dem 1. Lebensjahr aber nur bei rund weiteren 5 Jahren, unter Einberechnung der Jährlinge ist sie noch geringer.

Rauhfußbussard

Buteo lagopus

K Sehr ähnlich Mäusebussard und daher im Freien beide Arten manchmal schwer zu unterscheiden. Wichtigste Merkmale im Flug: Heller und fast weißlicher Kopf; Schwanz an der Basis weiß bis hell und davon abgesetzt eine sehr breite, dunkle Binde gegen das Ende. Flügelunterseite heller als beim Mäusebussard und in der Regel deutlicher abgesetzter schwarzer Fleck in der Nähe des Buggelenkes (der aber auch bei hellen Mäusebussarden sehr stark auffällt!). Körper meist heller als Bussard, oft breites, braunes Band über die Brust. Insgesamt also etwas kontrastreicher gefärbt als Mäusebussard. Die bis zu den Zehen befiederten Läufe sind im Freiland kaum erkennbar. Sitzende Rauhfußbussarde wirken meist etwas größer und plumper als Mäusebussarde. ■ Stimme bei uns kaum zu hören. ■ Wie Mäusebussard Jagdgebiet offene Flächen; guter Segelflieger.

V Br. in der Tundra und Waldtundra im Norden Europas, Asiens und Nordamerikas; in Skandinavien südwärts bis Südnorwegen. ■ Bei uns r. Wintergast, etwa von Oktober bis April, am häufigsten und regelmäßigsten im Osten; tiefer im Binnenland und vor allem im Südwesten seltener und nicht in jedem Winter. Manchmal stärkere Einflüge (»Invasionen«). ■ Bei uns in der Regel in der offenen Landschaft zu beobachten.

N Ähnlich Mäusebussard. In der nordischen Brutheimat vor allem Wühlmäuse und Lemminge.

Wie Ringfunde beweisen, fliegen vor allem in Norwegen, Schweden und Finnland brütende Rauhfußbussarde nach Mitteleuropa ein. Auch Brutvögel aus den westlichen Gebieten der UdSSR dürften sich dazu gesellen. Allerdings ist die Verteilung der Rauhfußbussarde im Herbst und Winter über Mitteleuropa sehr ungleichmäßig. In Schleswig-Holstein ist die Art nicht nur Wintergast, sondern auch Durchzügler. Das bedeutet, daß über dieses nördlichste deutsche Bundesland Rauhfußbussarde hinwegziehen (etwa ab Anfang Oktober) und in südlicher gelegene Gebiete einfliegen. Vor allem im Bereich von Südpolen bis nach Ungarn dürfte das Hauptwinterquartier vieler Rauhfußbussarde in Mitteleuropa liegen.

Immerhin ist aber der Rauhfußbussard auch in den Niederungsgebieten Schleswig-Holsteins im Winter z.T. der zweithäufigste Greifvogel.

Man hat dort z.B. auf 2 Untersuchungsflächen von 100 km² im langjährigen Mittel 45 bzw. 97 Rauhfußbussarde gezählt. Dagegen sieht im äußersten Südwesten der Bundesrepublik Deutschland, z.B. im Bodenseegebiet, die Situation bereits ganz anders aus. Auf einer Fläche von über 1 000 km² wurden dort 1948–1969 nur 25 mal einzelne Rauhfußbussarde beobachtet und in den 12 Wintern von 1969/70 bis 80/81 nur 13 mal 1 Individuum.

Die Häufigkeit des Rauhfußbussards im Winter auf offenen Niederungsflächen hängt unter anderem, wie beim Mäusebussard, vom örtlichen Angebot an Feldmäusen ab, sicher aber auch von der Härte des Winters und von den Verhältnissen im Brutgebiet. Auch dort sind große Schwankungen wie beim Mäusebussard festzustellen, in Abhängigkeit vom Angebot an Nahrung. Konkurrenz zwischen Rauhfußbussard und Mäusebussard ist verschiedentlich festgestellt worden. Die Nahrung des Rauhfußbussards scheint aber auch im Winterhalbjahr fast ausschließlich aus Mäusen zu bestehen.

Im Hinblick darauf, daß Rauhfuß- und Mäusebussarde in der Freiheit nur schwer zu unterscheiden sind, steht natürlich außer Frage, daß als Ergebnis der Bemühungen der Jägerschaft, Abschußgenehmigungen für Greifvögel zu erhalten, oder gar eine Schußzeit für Habicht und Mäusebussard in den Wintermonaten einzuführen, auch Rauhfußbussarde daran glauben müßten. Folgende etwa bussardgroße Greifvögel sind z.B. in der Bundesrepublik Deutschland regelmäßig, zumindest in einzelnen Gebieten, im Winter anzutreffen: Mäusebussard, Rauhfußbussard, Habicht, Kornweihe, Rotmilan. Unter den kleineren Greifvögeln sind Sperber, Merlin, Turmfalke und Wanderfalke regelmäßige Überwinterer bzw. Wintergäste. Wenn man bedenkt, daß ein Sperberweibchen schon im Größenbereich eines Habichtmännchens liegt, dann bestehen durchaus Verwechslungsmöglichkeiten, deren sich auch ein Jäger nicht schämen müßte.

Die Erfahrungen vieler Jahrzehnte haben gezeigt, daß Verwechslungen beim Abschuß von Greifvögeln fast an der Tagesordnung sind. Schon aus diesem Grund besteht auch im Winter, wenn die Zahl der Greifvögel etwas geringer ist, Gefahr für bedrohte Arten, sollten Abschüsse wieder zur Regel werden.

Rauhfußbussard am Felshorst in Skandinavien. Wichtige Kennzeichen sind der helle Kopf und die dunkle Bauchfärbung (im Unterschied zu hellen Mäusebussarden; vgl. S. 49).

Steinadler

Aquila chrysaetos

K Viel größer als Bussard, aber im Flugbild etwas schlanker wirkend: Flügel relativ schmaler und länger, Schwanz mittellang, Kopf stärker vorgebaut. Flügel sind an den Enden breit gefächert. Jungvögel zeigen im äußeren Flügeldrittel einen weißen Fleck; Basis des Schwanzes ebenfalls weiß abgesetzt von der breiten, dunklen Endbinde. Ad. einfarbig dunkelbraun, Oberkopf und Nacken goldbraun. ■ Stimme für gewöhnlich nicht zu hören. Junge betteln mitunter laut in den Horsten. ■ Meist nur im Segel- oder Gleitflug ohne Flügelschlag hoch in der Luft zu beobachten; stößt mit angewinkelten Flügeln oft aus großer Höhe herab oder schießt entlang von Felswänden. Ruderflug (selten zu beobachten) mit tief ausholenden Schlägen.

V Br. in Gebirgen und abgelegenen Gebieten Nordafrikas, Europas und Asiens sowie im nordischen Nadelwaldgürtel und in der Tundra von Skandinavien bis Ostasien; im Norden und in den Hochgebirgen Nordamerikas. ■ Bei uns heute auf die Alpen beschränkt; dort zwar im Augenblick nicht akut gefährdet, doch insgesamt vom Aussterben bedroht. In der Bundesrepublik derzeit wohl über 25 Brutpaare. Einheimische Population Standvögel mit sehr großem Aktionsradius. Im Norden Mitteleuropas Einflüge skandinavischer Steinadler. ■ Felsbrüter in den Alpen mit großem Jagdgebiet in der Matten- und Krummholzzone; im Winter auch in Tälern und im Alpenvorland.

F Horst in Felswänden; oft großer, über viele Jahre hinweg bezogener Bau. Meist verschiedene Horste eines Paares im Revier. In Mitteleuropa selten auch in Baumhorsten. ■ Eiablage Ende Februar bis Mitte April; 1 Jahresbrut. ■ Meist 2 Eier, schmutzigweiß mit braunen und gelblichen Flecken. ■ ♀ brütet 40–45 Tage, wird vom ♂ mit Nahrung versorgt und gelegentlich auch kurzzeitig abgelöst; Nestlingsdauer 75–80 Tage.

N Vielseitiger Wirbeltierjäger. Hauptbeute in den Alpen Murmeltier, Rauhfußhühner, Kälber von Gemsen, Rehen, Hirschen; aber auch Fuchs, Dachs, Katzen, Eichhörnchen, Ratten, Mäuse. Vögel meistens weniger als Säugetiere. Geht auch häufig an Aas, vor allem im Spätwinter (Fallwild!).

Neuere eingehende Teiluntersuchungen am Steinadler haben ergeben, daß sich die Bestände in den Alpen wieder etwas erholt haben, ja daß sogar manche Teile der schweizerischen, österreichischen und der deutschen Alpen sicher den maximal möglichen Bestand aufweisen, also »gesättigt« sind. Dies darf man allerdings nicht überbewerten, denn ein Steinadlerpaar braucht enorm viel Platz und die Siedlungsdichte ist daher gering. In einem besonders günstigen Gebiet in der Schweiz hat man z. B. 51 Paare auf 5565 km^2 gefunden, wobei in Teilflächen die Siedlungsdichte zwischen 1 Paar pro 191 km^2 und 1 Paar pro 75 km^2 schwankt. Ähnliche Werte sind auch aus anderen Alpenteilen bekannt. In günstigen Gebieten können Paare auf Flächen unter 50 km^2 genügend Nahrung zur Jungenaufzucht finden, in ungünstigen bedarf es wesentlich größerer Gebiete.

Die Konkurrenz zwischen den einzelnen Paaren sorgt dafür, daß auch bei sehr günstigen Verhältnissen der Bestand nicht »überhand« nimmt. Für den Schweizer Kanton Graubünden sieht die Rechnung z. B. folgendermaßen aus: Derzeit leben dort 75 Steinadlerpaare, die im Jahresdurchschnitt ca. 32 Junge produzieren. Bei einer Jugendsterblichkeit von 65–70% werden etwa 9–11 davon in etwa 4 Jahren geschlechtsreif. Pro Jahr werden etwas über 2 tote Steinadler registriert, die aber wohl nur etwa 20% der insgesamt ausfallenden Adler ausmachen. Das bedeutet, daß Zugang und Abgang der Population etwa ausgeglichen sind. Der Lebensraum einzelner Paare wird übrigens noch dadurch eingeengt, daß nichtbrütende Einzeladler sich zwischen die Reviere einschieben und ebenfalls ihren Platz beanspruchen, ohne daß hier Junge aufwachsen.

Eine potentielle Gefahr für den Steinadler ist die zunehmende Beunruhigung an den Brutplätzen, zum Teil unbeabsichtigt durch die explosive Ausweitung des alpinen Tourismus und seinen Begleiterscheinungen zu fast allen Jahreszeiten. Das Fotografieren und Filmen an Steinadlerhorsten ist fast immer mit Störungen des Brutablaufes verbunden und daher nicht mehr zu verantworten. Beunruhigung führt oft zum Brutverlust.

Flugbild eines alten Steinadlers (ohne weißes Flügelfenster, heller Kopf).

Fischadler

Pandion haliaetus

K Größer als Mäusebussard; mit langen, schmalen Flügeln, die oft gewinkelt werden. Unterkörper und Unterflügel weiß, braunes Brustband, Flügelspitzen schwarz, Schwanz mit dunklen Binden. Oberseite dunkelbraun, Oberkopf weiß; durch das Auge zieht sich ein schmaler schwarzer Streifen bis auf die Halsseiten, wo er sich verbreitert. Im Sitzen werden die Hinterkopf- und Nackenfedern oft gesträubt. Mit kaum einem anderen heimischen Greifvogel zu verwechseln. ▪ Am Horstplatz hoch »tjipp tjipp ...« und ähnlich, auch weicher »gjü ...«. ▪ Häufig über dem Wasser zu beobachten.

V Br. auf der Nordhalbkugel, ferner an wenigen Stellen in Afrika sowie in Neuguinea und Australien. ▪ In Europa stark zurückgegangen und in vielen Gebieten ausgestorben; heute nur an wenigen Stellen im Mittelmeergebiet, in Schottland, in der DDR und Polen sowie in Fennoskandien und Rußland Br. In Mitteleuropa r. Durchzügler, April/Mai und August/September (Oktober). Einzelne halten sich oft wochenlang, vor allem im Spätsommer und Herbst, in Teichgebieten auf. ▪ Jagdgebiet an stehenden, fischreichen Gewässern; Horst auf hohen Bäumen.

F Horst oft große Burg aus Knüppeln und Ästen, die jahrelang benutzt werden kann. ▪ Legezeit April Mai; 1 Jahresbrut. ▪ Meist 3 Eier, weiß mit braunen und grauen Flecken. ▪ Brutdauer 33–40 Tage; Nestlingsdauer 44–59 Tage.

N Fast nur größere Fische.

Der Fischfang im Stoßflug ist eine bei europäischen Greifvögeln einmalige Jagdmethode. Auf dem Zug kann man auch bei uns gelegentlich Fischadler auf der Jagd beobachten. Dabei müssen vom Adler mehrere Unsicherheiten in Kauf genommen werden. Der Stoß geht oft aus großer Höhe ins Wasser und zudem auf eine Beute, die nicht deutlich sichtbar ist. Mann kann kaum erwarten, daß Fischadler aus großer Höhe Größe und Gewicht ihrer Beute richtig abschätzen können und damit auch die Schwimmkraft. Somit müssen Fischadler mitunter nicht nur erhebliches Gewicht aus dem Wasser herausziehen, sondern auch noch die Eigenkraft der Beute überwinden und also mit beträchtlichen Schwierigkeiten rechnen, wenn sie die Beute sicher aus dem Wasser holen wollen.
Trotzdem sind aber Berichte, große Fische würden Fischadler ins Was-

ser hinabziehen und ertränken, nie bestätigt worden. Ein immer wieder durch die Presse geisterndes Foto eines angeblichen Fischadlerskelettes in einem toten Karpfen erwies sich als glatte Fälschung.

Der Fischadler ist hervorragend an eine schwierige Jagd angepaßt. Moderne Filmanalysen haben dazu erstaunliche Einzelheiten ergeben. Mit 30–60 km/h stoßen Fischadler herunter und können noch kurz über dem Wasser stark beschleunigen. Unmittelbar vor dem Eintauchen werden die Füße vorgestreckt. Dabei kann der Adler im allerletzten Moment den Stoß noch dicht über der Wasserfläche abbrechen, indem er z.B. seine gespannten Zehen in nur 2 Hundertstel Sekunden zusammenklappt und damit die Gefahr, einen aussichtslosen Kampf mit dem großen Fisch im Wasser eingehen zu müssen, abwendet. Gelegentlich tauchen Fischadler bei ihrem Stoß ganz unter Wasser und verschwinden bis zu 1 Sekunde. Ist der Fisch sehr groß, kann nicht gleich gestartet werden, sondern die Adler schwimmen mit ausgebreiteten Flügeln eine Zeitlang auf der Wasseroberfläche, bearbeiten dabei wohl den Fisch mit ihren kräftigen Fängen. Mehrfaches Umgreifen kann den Fisch beim Abtransport in eine aerodynamisch günstige Lage bringen, mit dem Kopf nach vorne. Hat der Adler die Wasseroberfläche dann wieder verlassen, schüttelte er sich meist im Flug kräftig, um die anhängenden Wassertropfen aus dem Gefieder loszuwerden.

Nicht immer geht alles glatt: Bei sehr großen Fischen kann es auch zu einem ausgesprochenen Kampf im Wasser kommen. Allerdings läßt sich der Fischadler dabei meist nicht auf längere Auseinandersetzungen ein. Erweist sich nach einigen Startversuchen der Fisch als zu schwer, wird er wieder losgelassen.

Auf alle Fälle sind beim Beutefang viele verzwickte Flugmanöver nötig. Bisher hat man die langen Flügel des Fischadlers vor allem als Anpassung an die weiten Wanderungen vom Winterquartier in das Brutgebiet und zurück gedeutet. Sie sind aber auch hervorragend zum komplizierten Fischfang geeignet.

Fischadler auf dem Durchzug kröpft seine Beute.

Turmfalke

Falco tinnunculus

[K] Kleiner und schlanker als Krähe. Wie Sperber langer Schwanz, doch längere und nicht so stark gerundete Flügel; Oberseite rotbraun. ♂ ad. Oberkopf, Hinterrücken und der Schwanz grau; Oberseite rotbraun, schwach gefleckt. ♀ und juv. vollkommen rotbraune Oberseite, stark dunkel gefleckt und quergebändert; Schwanz braun mit mehreren dunklen Querbändern. ▪ Rufe sind oft zu hören, z.B. hohe Reihe »kikiki …«; am Brutplatz hohe, etwas wimmernde »wrrii wrrii«. ▪ Streckenflug mit schnellem, etwas hastig wirkendem Flügelschlag. Besonders charakteristisch ist das Fliegen am Ort (Rütteln): Der Vogel hängt etwas aufgerichtet mit schnellem Flügelschlag und gespreiztem Schwanz in der Luft.

Turmfalkenpaar: Kopulation.

[V] Br. in Eurasien und Afrika mit Ausnahme der Wüstengebiete. ▪ Bei uns neben Mäusebussard verbreitetster und häufigster Greifvogel vom Tiefland bis ins Hochgebirge. Zugvogel und Teilzieher, der in allen Teilen Mitteleuropas auch überwintert. ▪ Sehr anpassungsfähig in der Wahl des Lebensraumes; brütet in Städten, Steinbrüchen, Hochgebirgen oder Feldgehölzen; jagt immer im offenen Land, auch in der intensiv bewirtschafteten Agrarlandschaft, über Ödland, Sportplätzen usw. Im Winter auch häufig entlang von Straßen.

[F] Baut wie alle Falken kein eigenes Nest. Eier werden in Mauerlöchern, Felsspalten, Felshöhlen, aber auch in ehemaligen Krähen- und Elsternnester abgelegt. ▪ Eiablage April/Mai; 1 Jahresbrut. ▪ (3) 4–6 (7) Eier; Grundfarbe gelblichweiß, stark braunrot oder braun gefleckt, so daß dadurch die Grundfarbe häufig ganz verdeckt ist. ▪ ♀ brütet allein etwa 21–27 Tage; wird vom ♂ mit

Nahrung versorgt. Nestlingsdauer 28–32 Tage.

N In erster Linie kleine Bodentiere, vor allem Mäuse; aber auch kleine Insektenfresser (Spitzmäuse, Maulwurf); mitunter Reptilien, Kleinvögel und Insekten. Insbesondere bei Stadtbrütern scheint die Vogeljagd eine größere Rolle zu spielen.

Turmfalken kann man leicht bei der Jagd beobachten. Doch haben sie ganz verschiedene Jagdstrategien entwickelt. Neuere quantitative Untersuchungen haben gezeigt, daß die einzelnen Jagdweisen sehr sinnvoll angewendet werden. Am häufigsten ist im allgemeinen die Jagd im Suchflug, bei der das allbekannte Rütteln (s. oben) eingesetzt wird. Der Vogel nützt dabei Auf- oder Gegenwinde aus, um sich möglichst ruhig in der Luft zu halten. Bei starkem Gegenwind kann er auch ohne einen Flügelschlag in der Luft schweben. Hat er eine Beute entdeckt, stößt er meist nicht besonders rasch herunter; über dem Boden kann der Stoßflug oft noch einmal aufgefangen werden, um dann bei nochmaliger kurzer Peilung zielsicher abgeschlossen oder auch abgebrochen zu werden.
Daneben spielt auch der ruhige Ansitz für den Beuteerwerb eine Rolle. Meist sind die Sitzwarten nicht besonders hoch über dem Boden. Die Falken beobachten von dort aus ruhig die Umgebung, um dann die potentielle Beute anzufliegen.
Luftjagd auf Vögel ist nur unter besonderen Bedingungen für den Falken lohnend, z. B. zwischen den Häusern einer Stadt oder auch bei großen Singvogelschwärmen auf landwirtschaftlich genutzten Flächen, vor allem im Winter, wenn möglicherweise die Vögel z. T. geschwächt sind. Gelegentlich klauben Turmfalken auch Regenwürmer zu Fuß aus frisch umgebrochenem Erdreich oder versuchen sich in der Insektenjagd. Alle diese Jagdweisen spielen aber eine geringere Rolle.
Zählungen, wie oft und wann die Hauptjagdweisen vom Turmfalken eingesetzt werden, haben interessante Sachverhalte ergeben. Beobachtet man nur die Jagd auf Kleinsäuger, so stellt sich heraus, daß im Sommer wesentlich häufiger die Flugjagd ausgeübt wird als die Jagd vom Ansitz. Im Winter ist jedoch umgekehrt die Ansitzjagd sehr viel häufiger. Auf einer Kontrollfläche in Großbritannien verbrachten z. B. im Januar/Februar Turmfalken ihre für den Nahrungserwerb aufgewendete Zeit zu 85% mit Ansitzjagd und nur zu

Turmfalkengelege in einem Krähennest.

15% mit Flugjagd. Von Mai bis August jedoch machte die Flugjagd etwa 50% dieser Zeit aus, also ebensoviel wie die Ansitzjagd.
Welcher Jagdtyp ist nun für das Erbeuten von Mäusen erfolgreicher? Die Ergebnisse auf der Untersuchungsfläche waren zunächst etwas verblüffend: Im Winter waren etwa 16% der Stöße aus der Flugjagd erfolgreich, im Sommer über 21%. Die Ansitzjagd ergab im Winter nur eine Erfolgsrate von knapp 9%, im Sommer lag sie etwa gleich mit der Flug-

jagd. Warum wird die doch relativ unergiebige Ansitzjagd im Winter so stark bevorzugt? Die Antwort liegt wahrscheinlich im Problem des Energieaufwandes. Experimente lassen vermuten, daß Flugjagd etwa 4 mal so viel Energie beansprucht wie Jagd aus dem Ansitz. Damit sind aber die Verhältnisse noch nicht ganz geklärt, denn für den Falken ist vor allem der pro geschlagene Maus erforderliche Energieaufwand von Bedeutung. Berechnungen haben ergeben, daß im Sommer die für eine Maus vom Falken aufzuwendende Energie bei Flugjagd und Ansitzjagd etwa gleich hoch ist. Im Winter jedoch sind die Unterschiede viel größer. Trotz des geringen Erfolges der Ansitzjagd ergab sich auf der Untersuchungsfläche für die Ansitzjagd nicht einmal die Hälfte des Energieaufwandes pro geschlagener Maus im Vergleich zur Flugjagd.

Damit wird der Wechsel der Jagdweise zwischen Winter und Sommer erklärlich: Der Falke versucht also seinen Energieaufwand für den Beuteerwerb möglichst gering zu halten. Dies ist notwendig, denn nur dann ist die Ernährung einer Tierart ausreichend gesichert, wenn der für den Nahrungserwerb aufzuwendende Energiebetrag wesentlich kleiner ist, als der, der durch die Nahrung gewonnen wird.

Die Unterschiede im einzelnen, die nicht nur auf der britischen Kontrollfläche im Jahreslauf zu beobachten sind, werden durch eine Vielzahl von Umständen beeinflußt. So z. B. wird für einen Suchjäger nach Bodentieren die Erreichbarkeit der Beute durch die Höhe der Vegetation verändert. Man hat beobachtet, daß Turmfalken sich im Nahrungserwerb in der Kulturlandschaft recht genau dem jeweiligen Bearbeitungs- und Wachstumsstand der Felder und Wiesen anpassen und dort bevorzugt jagen, wo die Vegetation am niedrigsten ist, Anwesenheit von Mäusen vorausgesetzt.

Verschiebungen in den Anteilen einer bestimmten Jagdweise an der Zeit, die insgesamt für die Jagd aufgewendet wird, ergeben sich auch daraus, daß zur Brutzeit zunächst das Männchen allein für die Ernährung des Weibchens und der ge-

Weibchen füttert Junge im »Nest« auf dem Speicher.

samten Brut aufkommen muß. Daher ist es gezwungen, wesentlich mehr Energie für den Beutefang aufzuwenden als im Winter, wenn jedes Individuum nur für sich allein sorgt.

Selbst mitten in den größten Städten Europas können wir noch immer Turmfalken als Brutvögel beobachten. Teilweise haben sie sich auf Vogeljagd umgestellt, um im Häusermeer überleben zu können. Einige scheinen sogar regelmäßig die Nester der zahlreichen verwilderten Haustauben zu plündern. Andererseits aber weiß man von Stadtfalken, daß sie oft viele Kilometer an den Stadtrand fliegen, um auf Ödflächen, Wiesen und Feldern Mäuse zu jagen. Die Turmfalken der Frauenkirche in München müssen z.B. wegen einer Maus mindestens 3 km hin- und herfliegen.

Stadtfalken suchen sich als Brutplätze meist besonders hohe Bauwerke wie Kirchtürme, Hochhäuser usw. aus. Alte Historische Bauwerke bieten ihnen oft die erforderlichen Brutnischen. Moderne Hochhausbauten sind allerdings oft weniger geeignet, da sie zu wenig Mauerlöcher und Höhlungen aufweisen. Mit Erfolg hat man jedoch mit einfachen Nistkästen für Turmfalken geeignete Nistmöglichkeiten geschaffen. Ja es gibt mittlerweile sogar regelrechte Nistkastenkolonien an Hochhäusern, Autobahnbrücken oder in den Niederlanden sogar in fast baumlosem Gelände. Aber selbst dort, wo Falkenpaare dicht nebeneinander brüten, werden Nestterritorien verteidigt. Durch diese Konkurrenz, auch im Zusammenhang mit dem Nahrungsangebot, wird der Falkenbestand streng reguliert. Auch der Falke braucht also keinen übergeordneten Räuber, der für eine Dezimierung des Überschusses sorgt.

Man rechnet, daß in Mitteleuropa etwa 45–55% der jungen Turmfalken nach dem Ausfliegen im 1. Jahr sterben. Die Sterblichkeit in späteren Jahren schätzt man auf etwa 35–40%. In einer jahrelang beobachteten Kolonie an einer Autobahnbrücke hielten etwa 50% der Altvögel dem Brutplatz auch im nächsten Jahr die Treue, doch nur etwa 1% der Jungvögel konnten in späteren Jahren als Brutvögel am Geburtsort nachgewiesen werden. Die ältesten freilebenden beringten Turmfalken sind über 16 bzw. über 14 Jahre alt geworden.

Weibchen auf Ansitz im Winter, der bevorzugten Jagdweise in dieser Jahreszeit

Fast flügge Junge vor dem Nesteingang.

Rotfußfalke

Falco vespertinus

K Etwas kleiner als Turm- oder Baumfalke. Schwanz kürzer als Turmfalke, doch lange spitze Flügel (ähnlich Baumfalke). Färbung sehr unterschiedlich. Alte ♂ einfarbig dunkel schiefergrau mit schwarzem Schwanz, roten »Hosen« und Unterschwanzdecken; um das Auge ein schmaler roter Ring. Füße leuchtend rot. 1jährige ♂ Oberseite ebenfalls schiefergrau, doch rotbraunes bis rostbraunes Nackenband; Unterseite heller schiefergrau oder rostgelb mit schwärzlichen Längsstrichen; Kehle oft weißlich. Ad. und 1jährige ♀ weißliches Gesicht, rostbräunlicher Oberkopf und Nacken, dunkle Umrandung der Augen und ebenso gefärbter Bartfleck; Oberseite und Schwanz bräunlichgrau mit schwarzer Querbänderung; Unterseite hell rostfarben, fein längs gestrichelt. Diesjährige juv. unterscheiden sich davon durch dunkelbraune Oberseite (Federränder rostbraun), fast weiße Unterseite mit breiten, braunen Längsstreifen; Backen und Kopfseiten weißlich, dunkle Augenumran-

Flugbilder vom Rotfußfalken im Frühjahr; links Männchen, rechts Weibchen.

dung größer als beim ♀ ad. ▪ An der Brutkolonie ruffreudig, doch die bei uns zu beobachtenden Gäste meist still. ▪ Fliegt weniger hastig als Turmfalke, schwebt und gleitet häufiger; rüttelt zwar regelmäßig, aber meist nicht so hoch über dem Boden und kürzer als Turmfalke; auch bei der Flugjagd auf Insekten zu beobachten.

V Br. von Osteuropa bis Mittelsibirien und Zentralasien. Westlichste Brutplätze in der Ungarischen Tiefebene und ihren Ausläufern. ▪ Bei uns r., in manchen Gebieten jedoch seltener Gast im Sommerhalbjahr, meist von Mai bis Oktober, besonders r. im Frühjahr und Herbst. In manchen Jahren stärkere Einflüge (»Invasionen«) und gelegentlich auch Einzelbruten bis in den Westen der Bundesrepublik Deutschland. ▪ Steppenvogel; bei uns vor allem über Moor- und Heidegebieten jagend, auch an Seeufern.

F Benützt Nester anderer Vogelarten auf Bäumen. ▪ Eiablage beginnt erst ab Mitte Mai; 1 Jahresbrut. ▪ (2) 3–5 (6) Eier; gefärbt wie bei Turmfalke. ▪ Brutdauer 20–25 Tage; Nestlingsdauer 26–30 Tage.

N Beutetiere sind Insekten, vor allem Heuschrecken, Käfer, aber auch Ameisen; gelegentlich Reptilien, Amphibien und Mäuse sowie andere Kleintiere.

Rotfußfalken sind am ehesten mit Baumfalken zu verwechseln, vor allem dann, wenn man die auffällige Färbung nicht gut erkennt. Wie Baumfalken jagen auch sie in der Luft nach Insekten. Nicht selten kann man beide Arten sogar miteinander vergesellschaftet auf der Jagd beobachten. Insektenjagd ist meist besonders lohnend über Wasser oder Röhricht oder über feuchten Wiesen und Mooren und anderen wenig genutzten Flächen. Meist fliegen die kleinen Falken mit ein paar schnellen Flügelschlägen nach oben und greifen dann im Abwärtsgleiten mit ihren Fängen Libellen, schwärmende Käfer, Schmetterlinge, Heuschrecken und andere größere Insekten. Nicht selten sitzen Rotfußfalken auch auf Leitungsdrähten über einer Wiese, um dann von dort aus vorbeifliegende Insekten im kurzen Jagdflug zu packen oder auf Mäuse am Boden herunterzustoßen. Auch zu Fuß bewegen sich die Falken recht geschickt und klauben z.B. Insekten vom kahlen Boden auf.

Lange Zeit galten Rotfußfalken bei uns nur als Ausnahmeerscheinungen. Doch hat sich herausgestellt, daß vor allem im Süden und Osten Mitteleuropas mit regelmäßigem Durchzug zu rechnen ist; einzelne bleiben sogar den Sommer über da. Am häufigsten sieht man Rotfußfalken im Mai und August/September. Im Osten Mitteleuropas überwiegen meist Herbstbeobachtungen, während im Westen (und auch z.B. in Großbritannien) Frühjahrszügler häufiger sind. In manchen Jahren ist die Zahl der Falken besonders groß (»Invasionsjahre«, z.B. 1975 und 1979).

Altes Männchen auf Nahrungssuche.

Merlin

Falco columbarius

F Kleinster europäischer Falke; kleiner als Turmfalke, relativ breitflügelig und gedrungen. ♂ kaum größer als Misteldrossel (deutlich kleiner als ♀); oberseits schiefergrau mit rosträtlichem Nacken; Unterseite hell isabell- bis rostfarben mit dunkler Längsfleckung. Grauer Schwanz mit breiter, schwarzer Endbinde. Das größere ♀ ist auf der Oberseite dunkelbraun; Unterseite weiß mit dunklen Längsflecken. ■ Stimme außerhalb der Horstplätze wenig zu hören. Am Brutplatz u.a. kurze, gereihte »kiki- ...«. ■ Im Unterschied zum Turmfalken sehr rascher und wendiger Flug; jagt im reißenden Stoßflug.

V Br. von Island über Nordeuropa, Nordasien und Nordamerika bis Labrador; zirkumpolar. ■ Bei uns r., aber nicht häufiger und meist nur einzeln auftretender Durchzügler und Wintergast bis an den Fuß der Alpen; in der Tiefebene des Nordens häufiger als im Süden. Oktober bis April. ■ Bei uns vor allem offene Landschaften; bevorzugt weite Wiesengebiete (Marschen an der Küste) mit Feldgehölzen, Büschen und Hecken, in denen Kleinvogelschwärme zu erwarten sind. Wie der Sperber rasanter Kleinvogeljäger; kommt aber wenig in geschlossene Ortschaften.

N Fast ausschließlich Kleinvögel; Kleinsäuger (Mäuse) spielen eine untergeordnete Rolle. Zur Brutzeit auch Jungvögel größerer Arten und gelegentlich einzelne Insekten.

Neben dem Rauhfußbussard ist der Merlin der einzige in Mitteleuropa nicht brütende Greifvogel, der regelmäßig als Wintergast erwartet werden kann. Im Unterschied zum Rauhfußbussard tritt der kleine Falke meist nur einzeln auf, an der Küste sehr viel häufiger als tief im Binnenland. Wie Ringfunde zeigen, ist aber Mitteleuropa keineswegs nur Winterquartier. Die weitesten bis jetzt durch Ringfunde nachgewiesenen Merlinfalken zogen von ihren skandinavischen und nordrussischen Brutgebieten bis Spanien, Südfrankreich, Italien, Ungarn und Jugoslawien. In der Bundesrepublik Deutschland sind in Norwegen, Finnland und im Nordwesten der Sowjetunion als Nestlinge beringte Merlinfalken gefunden worden, z.T. in den Zugmonaten, z.T. als regelrechte Wintergäste.

Am ehesten kann man dem Merlin zur Zeit des Herbstzuges im Oktober/November begegnen. Das Winterhalbjahr über sind die Zahlen meist sehr viel geringer, der Frühjahrszug fällt nicht besonders auf. Ganz ausnahmsweise sind einzelne Merlinfalken schon im Sommer bei uns beobachtet worden.

Als spezialisierter Kleinvogeljäger ist der Merlin im Winterhalbjahr vor allem auf reiches Kleinvogelangebot angewiesen. Dies trifft er am ehesten in milden Tieflandgebieten oder auch dort, wo größere Vogelschwärme selbst mitten im Winter zusammenkommen. Im Binnenland geschieht dies besonders häufig auf Brachflächen, Ödländern, Schuttkippen, Bahndämmen usw., wenn stehengebliebene Pflanzen noch Samen für körnerfressende Singvögel, wie Finken, Sperlinge und Ammern, in ausreichendem Maße bereit halten. Bei starkem Frost oder geschlossener Schneedecke helfen solche verwilderten »Abstellwinkel« unserer Kulturlandschaft vielen Kleinvögeln, Nahrungsengpässe zu überwinden. Große Schwärme stellen sich vorübergehend z.B. an einem Distelfeld oder an anderen Ruderalpflanzen ein, um späte Samenernte zu halten. Dies nützt wiederum der Merlin (und auch der Sperber) zu lohnender Kleinvogeljagd.

Ähnlich dem Sperber bedienen sich die kleinen Falken geschickt der Deckung durch Büsche, Hecken oder Bodenwellen, um durch einen Überraschungsangriff zum Erfolg zu kommen. Man hat beobachtet, daß nicht nur einzelne Merline wochenlang ihren Zehnten von solchen winterlichen Vogelschwärmen holen, sondern auch Sperber, Turmfalke, Habicht nebeneinander solche Plätze aufsuchen, um Kleinvögel zu schlagen. So gehen also von ein paar stehengebliebenen, vertrockneten Pflanzen vielfältige Wirkungen auf die Vogelwelt aus. Ein Grund mehr, dafür einzutreten, daß nicht alles »Unkraut« restlos beseitigt und unsere Kulturlandschaft bis in den letzten Winkel aufgeräumt wird.

Auch von Pflanzen gehen Nahrungsketten (s. S.21) aus, die Bestandteile eines vielfältig vernetzten Zusammenlebens bilden, so z.B. im Winter die Kette Kräuter → Samen → Singvögel → Merlin oder im Sommer Kräuter → Insektenlarven → Singvögel → Sperber. Mit einem Kettenglied fallen auch die folgenden aus.

Merlinpaar am Nest in Skandinavien. Wie bei allen Falken ist auch dieses Nest nicht vom derzeitigen Besitzer erbaut worden. Vermutlich handelt es sich um ein ehemaliges Krähen- oder Kolkrabennest. Das Weibchen (links) zerlegt die vom Männchen herbeigebrachte Beute und verfüttert sie in kleinen Portionen an die offenbar erst wenige Tage alten Jungen, die noch nicht über den Nestrand hinausschauen können. Die Arbeitsteilung bei der Fütterung der Jungen ist bei vielen Greifvögeln so streng geregelt, daß kleine Greifvogelnestlinge beim Ausfall des Weibchens verhungern, auch wenn das Männchen eifrig Beute am Nestrand ablegt. Erst wenn sie dann herangewachsen selbst von der eingetragenen Beute kleine Stücke abreißen können, sind Greifvogelnestlinge von der Fütterung durch das Weibchen, das jetzt selbst Jagdflüge unternimmt, unabhängig geworden.

Baumfalke

Falco subbuteo

K Größe etwa wie Turmfalke, doch sehr lange, sichelförmige Flügel und kürzerer Schwanz. Oberseite dunkel; am Kopf ist ein kräftiger, dunkler Bartstreif zu erkennen, der sich meist scharf von der weißen Wange und der hellen Kehle abhebt. Unterseite hell, mit kräftigen schwarzen Längsstrichen besetzt. Ad. rostfarbene »Hosen« und Unterschwanzdecken; bei juv. sind diese Federn hell rahmfarben. Geschlechter sind so gut wie nicht zu unterscheiden. ▪ Am Brutplatz sehr ruffreudig; etwas nasale Rufreihen, die entfernt an Turmfalke, aber auch Wendehals erinnern; etwa »kjüwkjüw ...«; langgezogene Rufe (Lahnen) »gje gjegjä gjä ...«. ▪ Rasanter Luftjäger mit raschem Flügelschlag, der selten und ganz kurz rüttelt.

V Br. in Europa und Asien mit Ausnahme der nördlichen Gebiete. ▪ Bei uns in allen Teilen des Tieflandes, doch nirgends häufig; bedroht. Langstreckenzieher; Winterquartier im tropischen Afrika bis Südafrika sowie Südasien (April bis September/Anfang Oktober). ▪ Jagdgebiet über offener Landschaft; vor allem Wiesen und Moore, Verlandungszonen von Gewässern. Gelegentlich zur Schwalbenjagd auch über Dörfern; sonst aber im intensiv bewirtschaftetem Kulturland selten. Horste stehen auf Bäumen, an Waldrändern und Feldgehölzen usw.

Baumfalke im 1. Lebensjahr.

F Eiablage in Krähen- und Elsternnestern. ▪ Legebeginn frühestens ab Mitte Mai, meist Juni; 1 Jahresbrut. ▪ 2–4 Eier; weiß oder hell rotbraun mit starker rotbrauner Fleckung und Strichelung. ▪ Brutdauer 28 Tage; Nestlingsdauer 28–32 Tage.

N Fast ausschließlich Vögel und fliegende Insekten; selbst Schwalben und Segler können gejagt werden.

Baumfalken sind am vielseitigsten für die Jagd im freien Luftraum angepaßt. Schon ihr schlankes Flugbild erinnert etwas an Schwalben und Segler, denen der Baumfalke als einziger heimischer Greifvogel durchaus gefährlich werden kann. Vielfältiger Luftalarm der über dem Dorf jagenden Schwalben kündigt häufig das Erscheinen des Baumfalken an. Auch an herbstlichen Schlafplätzen von Staren und Schwalben im Schilf stellen sich fast regelmäßig Baumfalken ein. Allerdings ist der Falke in

vielen Gegenden Mitteleuropas selten geworden und heute eigentlich nirgends häufig.
Mit hoher Frequenz schlagen die schlanken Flügel durch die Luft. In anschließenden Gleitflugstrecken können bis zu 100 km/h erreicht werden. Häufig stoßen die Falken auf fliegende Vögel mit hohem Tempo von oben herunter. Man schätzt, daß dabei sogar für ganz kurze Zeit Geschwindigkeiten von über 200 km/h erreicht werden. Mit einem Genickbiß werden die Vögel in der Luft getötet, meistens aber dann auf einer hohen Sitzwarte gerupft. Auch die Insektenjagd in der Luft spielt eine nicht unbedeutende Rolle. Dabei werden häufig die mit den Fängen gegriffenen Insekten gleich in der Luft verzehrt. Man kann dies recht gut beobachten, wenn die Falken im Flug Kopf und Fänge aufeinanderzubewegen.
Wer sich so gewandt im Luftraum bewegt wie der Baumfalke, kann es sich auch leisten, gelegentlich anderen Greifvögeln, vor allem Turmfalken, Beute abzujagen. So findet man in der Nahrung des Baumfalken mitunter Mäuse, die er sicher nicht selbst geschlagen hat, denn die Bodenjagd liegt ihm gar nicht.
Wohl am eingehendsten wurde das Leben der Baumfalken in Berlin untersucht. 16jährige Beobachtungen und Beringungen der dort brütenden Baumfalken ergaben z.B., daß von den Jungen vor allem die Männchen wieder an den Geburtsort zurückkehren, die Weibchen dagegen viel weniger ortstreu sind. Bis zum Ende des 1. Lebensjahres sterben über 65% der Jungfalken (Nestlinge mit eingerechnet). Daraus ergibt sich, daß ein junger Baumfalke nur eine Lebenserwartung von etwa 1 Jahr hat. Bei älteren Jahrgängen sinkt die Sterblichkeit dann sehr stark und liegt etwa bei 20%. Die Lebenserwartung erwachsener Baumfalken ab dem 2. Lebensjahr liegt demnach zwischen 3 und etwa 5 Jahren. Als Höchstalter wurden bei Männchen 13 und 15 und bei Weibchen 8 Jahre festgestellt.
Nach Ringfunden zu urteilen gilt für die Jungfalken als Haupttodesursache die Verfolgung im Mittelmeergebiet bei ihrem ersten Zug ins Winterquartier. Alte Baumfalken gehen vor allem durch Unfälle mit Freileitungen und hohen Gebäuden vorzeitig zugrunde.

Baumfalken-Weibchen füttert die Jungen in einem ehemaligen Krähennest. Unter dem dichten Dunenkleid kann man bereits die heranwachsenden Schwung- und Schwanzfedern erkennen. Oft werden Baumfalken erst im August flügge.

Jungvögel aus Norddeutschland sind im September noch in der Umgebung ihres Brutplatzes, können aber auch schon bis Frankreich, Italien, Nordspanien und Malta gezogen sein. Im Oktober ist schon der größte Teil abgezogen. Die ersten tauchen bereits im September südlich der Sahara in Afrika auf, doch erst im Oktober trifft die Hauptmasse ein. Ab Februar beginnt der Aufbruch aus dem tropischen Winterquartier und erst im April wird der Brutplatz erreicht.

Wanderfalke

Falco peregrinus

K Größter einheimischer Falke, größer als Taube; gedrungene Gestalt; lange, spitze Flügel; relativ kurzer und meist spitz zulaufender Schwanz. Wie Baumfalke ad. oberseits dunkelblaugrau. Unterseite weißlich, schwarz quergebändert oder am Vorderkörper mit Tropfenflecken; breiter, schwarzer Backenstreif von Kehle und Wangen abgesetzt. ♀ deutlich größer als ♂. Juv. oberseits mehr dunkel graubraun; Backenstreif meist nicht so scharf von den hellen Kopfpartien abgesetzt. ▪ Am Brutplatz klagende Laute (Lahnen) etwa wie »gääái«. Vor allem bei Brutablösung oder Beuteübergaben sind scharfe Laute wie »ackzik« zu hören. ▪ Rasanter Flugjäger mit kraftvollen Flügelschlägen.

V In vielen Rassen fast auf der ganzen Welt verbreitet; fehlt in Wüstengebieten und Hochgebirgen Zentralasiens sowie in weiten Teilen Südamerikas. ▪ In Europa einst in fast allen Ländern Br., doch in vielen Gebieten ausgestorben und Brutbestand auf ein Minimum geschrumpft. Dies gilt auch für Mitteleuropa, wo die Art vom Aussterben bedroht ist. In der Bundesrepublik derzeit etwa auf 50 bis höchstens 70 Brutpaare in den Mittelgebirgen Süd- und Westdeutschlands und in den Alpen zusammengeschmolzen; in der DDR ausgestorben. Restbestände in der Schweiz und Österreich. Bei uns Stand- und Strichvogel; im Winterhalbjahr auch einzelne Gäste aus dem Norden bzw. abseits der Brutplätze. ▪ Br. in Felswänden von Mittel- und Hochgebirgen, aber auch an Steilküsten; in Norddeutschland früher Baumbrüter; in Tundren Bodenbrüter. Jagt in vielseitigen, meist offenen Landschaften, im Winter auch bevorzugt am Wasser.

Verwaister Brutfelsen der Wanderfalken.

F Eier werden in Felshöhlen und Felsnischen abgelegt (bei Baumbrütern auch in Nestern anderer Greifvögel). ▪ Legezeit Ende März bis Anfang Mai; 1 Jahresbrut. ▪ (2) 3–4 (5) Eier; auf gelblichweißem Grund dicht braun gefleckt, so daß Grundfarbe oft verdeckt wird. ▪ Überwiegend das ♀ brütet, 39–33 Tage; Nestlingsdauer 36–40 Tage.

N Ausgesprochener Vogeljäger; Hauptbeutetiere zur Brutzeit Haustauben, Star, Drossel, Rabenvögel; in der Nähe von Wasser auch Watvögel, Möwen usw. Insgesamt sind über 200 Vogelarten als Beute nachgewiesen worden. Säugetiere werden nur ausnahmsweise geschlagen.

In Nordamerika und Europa wurde der Wanderfalke zum Symbol für unseren rücksichtslosen Umgang mit der Natur. Obwohl ausreichend Brutmöglichkeiten und Nahrung vorhanden sind, schien der Wanderfalke bei uns keine Überlebenschance mehr zu haben. Rücksichtslose Verfolgung durch Taubenzüchter, Falkner und Tierhändler, aber auch Kletterer an Horstwänden und andere Freizeitaktivitäten vernichteten viele Bruten und Brutplätze. In einigen Ländern verursachten auch Gifte katastrophale Rückgänge der Fortpflanzungsrate.

Die neueste Entwicklung scheint den Wanderfalken aber auch zu einem Symbol dafür zu machen, daß aktiver Naturschutz den Fortbestand von Tierarten durchaus sichern helfen kann. Beinahe wäre es zu spät gewesen. In Großbritannien hat sich z.B. nach umfassendem Verbot der Pestizide der Wanderfalkenbestand wieder erholt; erste bescheidene Erfolge ergeben sich auch in Skandinavien.

Bei uns in Mitteleuropa hat sich die konstante Bewachung der letzten Horste rund um die Uhr als wichtigster Beitrag erwiesen. Nur so konnten weitere absichtliche und unabsichtliche Übergriffe des Menschen verhindert werden. Besonders erfolgreich war hier der jahrzehntelange Einsatz der Arbeitsgemeinschaft Wanderfalkenschutz in Baden-Württemberg. Ihr ist es gelungen, die einzige noch intakte Mittelgebirgspopulation in der Bundesrepublik durch lückenlose Horstbewachung während der Brutzeit buchstäblich in letzter Sekunde zu retten.

Die Bewachung und Beobachtung ergab zugleich auch eine Reihe von Erkenntnissen über Möglichkeiten der Hilfe. Da wurden unausgebrütete Eier auf Pestizide untersucht, die Wirkung von natürlichen Horstfeinden (Marder) reduziert, Krankheiten und Parasiten festgestellt oder ungünstige Horstnischen durch bessere ersetzt. So gelang es allmählich, den Bruterfolg wieder zu verbessern. Noch eine ganze Reihe von Jahren dauerte es aber, bis der Bestand wieder zunahm. Jetzt kann man sogar damit rechnen, daß von dem wieder erstarkten Wanderfalkenbestand Vögel abwandern und Gebiete besiedeln, in denen der Falke vor kurzem ausgerottet wurde.

Nahaufnahme eines zahmen Wanderfalken.

Diesen schönen Erfolg konnte die Arbeitsgemeinschaft erreichen, ohne in Gefangenschaft gezüchtete Falken wieder der Natur zu übergeben. Solche Versuche werden z.Z. in Nordamerika, aber auch in Europa unternommen. Sie sind sehr kostspielig und eigentlich nur dort zu vertreten, wo kein natürlicher Restbestand des Wanderfalken mehr vorhanden ist. Wiedereinbürgerungsversuche von Tieren sind nur ein allerletztes Mittel, wenn andere nicht mehr helfen.

Wespenbussard.

Mäusebussard.

Greifvögel im Flugbild

Mit weit gefächertem Schwanz ist der kreisende Wespenbussard oft schwer vom Mäusebussard zu unterscheiden, doch schlanker Kopf, gegen die Spitze zu weniger verjüngte Flügel, charakteristische Flügelzeichnung (nur Spitzen der Handschwingen schwarz; dunkle Querbinden hinter dem dunklen Vorderflügel), heller Schwanz mit kräftiger Endbinde sind wichtige Bestimmungshilfen. – Der Mäusebussard ist im Ruderflug aufgenommen. Seine Flügel sind stärker zugespitzt als beim Wespenbussard und haben keine dunklen Querbänder. Das Schwarz im Bereich der Handschwingen ist weiter ausgedehnt, der dunkle Hinterrand des Flügels nicht so scharf abgesetzt; der Kopf wirkt breiter. – Lange schlanke, meist zugespitzte Flügel, die weich durchgeschlagen werden, kennzeichnen die Rohrweihe, deren relativ langer Schwanz ungegabelt ist. Die übrigen Weihenarten sind noch schlanker. – Der Turmfalke ist wesentlich kleiner als die anderen hier abgebildeten Greifvögel. Wie der Sperber hat er einen langen Schwanz, doch schmäle-

Rohrweihe.

Turmfalke.

Rotmilan.

Schwarzmilan.

re Flügel, die allerdings wiederum nicht so spitz sind wie bei anderen Falken. Der Flügelschlag ist meist sehr rasch. – Auffällig tief gegabelter, langer Schwanz kennzeichnet den Rotmilan (vgl. jedoch S. 29), dessen Flügel besonders lang und schlank wirken. Milane schlagen sehr viel weicher durch als z. B. Mäusebussarde. – Auch der Schwarzmilan besitzt einen relativ langen Schwanz, der aber nur schwach gegabelt, in stark gefächertem Zustand zumindest gerade abgeschnitten ist (vgl. dagegen die Bussarde S. 68 oben). Schwarzmilane wirken dunkler und weniger schlank als Rotmilane. – Der Schlangenadler ist etwas größer als ein Mäusebussard, charakteristisch ist die helle Unterseite (nur die äußersten Spitzen der Handschwingen wirken dunkel). Die Flügel sind am Bug breiter als an der Ansatzstelle, der Schwanz ist relativ lang. Bei dunklen Individuen sind Kopf und Hals deutlich von der hellen Körperunterseite abgesetzt. – Echte Adler der Gattung *Aquila* sind an langen, parallelrandigen Flügeln und starker Fingerung der Flügelspitzen zu erkennen. Meist ist die Flügelunterseite einheitlich dunkel und der Schwanz ungebändert. Relativ selten sieht man sie im Ruderflug.

Schlangenadler.

Adler.

Haselhuhn

Bonasa bonasia

[K] Etwa Rebhuhngröße; oberseits grau bis rostbraun; relativ langer, schwach gerundeter Schwanz. Im Sitzen bei Erregung gesträubte Federholle. Abwechslungsreich gezeichnet; Schultern rotbraun, Rükken überwiegend grau, Körperseiten schwarz und rotbraun gemustert, Unterseite weißlich mit groben schwarzen Tropfenflecken. ♂ die meiste Zeit des Jahres schwarze Kehle. Im Abflug Schwanzzeichnung ein wichtiges Kennzeichen: Grauer Schwanz mit breiter schwarzer Endbinde, die noch einen schmalen weißen Saum aufweist; mittlere Schwanzfedern einfarbig, durchbrechen die dunkle Endbinde. ▪ Rufe sind sehr hohe Pfeiftöne, die man eher einem kleinen Singvogel zuschreiben möchte als einem Hühnervogel. ▪ Im Walddickicht oft schwer zu entdecken; beim Abflug häufig burrendes Fluggeräusch.

[V] Br. in Waldgebirgen Mittel- und Südosteuropas; von Skandinavien bis Ostsibirien in der nördlichen Nadelwaldzone. ▪ Bei uns noch verbreiteter Br. in den unteren Waldstufen der Alpen und z.T. im Alpenvorland; meist kleinere, manchmal nur noch Restbestände in waldreichen Mittelgebirgen wie Vogesen, Schweizer Jura, Schwarzwald, Rheinisches Schiefergebirge, Bayerischer und Böhmerwald, östliche Sudeten, westliche Karpaten. Stark bedroht. Standvogel. ▪ Br. in unterholzreichen, reich strukturierten Laubwäldern mit Lichtungen, Büschen, beerentragenden Zwergsträuchern, Hochstaudenfluren; auch in Misch- und Tannenwäldern bei ausreichendem Unterholz. Intensiv genutzter Wirtschaftswald wird gemieden.

Haselhühner nehmen auf sonnigen Waldwegen gerne ein Staubbad ähnlich wie Haushühner.

[F] Nest am Boden; in der Vegetation meist sehr gut versteckt; einfache Mulde, die mit ein paar Reisern ausgelegt ist. ▪ Legebeginn Mitte April bis Anfang Juni; 1 Jahresbrut. ▪ (5) 7–11 (14) Eier; gelblich rahmfarben mit dunklen, braunen Punkten und Flecken. ▪ ♀ brütet allein etwa 22–27 Tage; Küken verlassen das Nest innerhalb weniger Stunden und werden vom ♀ mindestens 30–40 Tage geführt.

[N] Vorwiegend pflanzlich; vor allem Blätter, Triebe, Knospen und Beeren, aber auch Blüten von Waldpflanzen. Im Spätsommer Samen und Trockenfrüchte. Daneben auch gern Insekten, sowohl von den Altvögeln als auch als Jungenaufzuchtfutter wichtig.

Wenn man die Aufenthaltsgebiete des Haselhuhns nicht genau kennt, sind Begegnungen mit diesem versteckt lebenden und hervorragend an seine Umgebung angepaßten Vogel seltene Überraschungen. Beim Näherkommen einer Störung suchen Haselhühner geräuschlos zu Fuß irgendein nahegelegenes Versteck auf, um dort die Situation weiter zu beobachten. Oft drücken sie sich zunächst auch einfach auf den Boden. Erst im letzten Moment fliegen sie dann auf, und meist bleibt dann dem Beobachter kein anderer Eindruck als ein mit burrendem Fluggeräusch im Dickicht des Waldes verschwindender bräunlicher kleiner hühnerartiger Vogel.
So ist es auch kein Wunder, daß wir, im Gegensatz zu den meisten anderen einheimischen Hühnervögeln, von der Lebensweise des Haselhuhns noch relativ wenig wissen, obwohl früher das Haselhuhn auch ein beliebtes Jagdwild war und sich viele Erfahrungen der Jäger in der Literatur niederschlugen. Abgesehen von Weibchen mit Jungvögeln trifft man Haselhühner meist einzeln oder paarweise; sie leben stets streng territorial.
Im Herbst und im Frühjahr ist Balzzeit. Doch auch dann sind Haselhühner keineswegs auffälliger. Der Hahn läßt einen sehr hohen, feinen Pfeifgesang hören, in Jägerkreisen allgemein als »Spissen« bekannt. Schon auf 150 m kann man den Gesang des Haselhahnes nicht mehr hören. Mit einem speziellen Pfeifchen hat man früher zur Jagd die balzenden Hähne angelockt. Man nimmt heute an, daß die Balz im Herbst, die ja noch nicht zur Fortpflanzung führt, mehr dazu dient, die Reviere abzugrenzen. Die Hähne bedienen sich dabei auch der Flügel als Geräuscherzeuger. Im Stehen oder in einem etwa 1 m hohem Sprung werden die Schwingen ganz schnell geschlagen, so daß ein lautes, burrendes Geräusch entsteht, das man auf etwa 100 m noch hören kann.
Mit 14 Tagen können die Jungen, die als extreme Nestflüchter sofort nach dem Schlüpfen mit dem Weibchen das Nest verlassen, bereits gut flie-

Sichernder Haselhahn; Nordeuropa. Rücken etwas grauer als bei Vögeln Mitteleuropas.

gen, obwohl sie zu dieser Zeit gerade erst halbwüchsig sind. Noch längere Zeit halten die erwachsenen Jungen mehr oder minder zusammen, so daß man im Spätsommer und im Herbst gelegentlich kleinere Gruppen, sogenannte »Ketten« sieht. Haselhühner stellen hohe Anforderung an ihren Lebensraum; ihr Schicksal hängt entscheidend von der Entwicklung der modernen Forstwirtschaft ab.

Alpenschneehuhn

Lagopus mutus

K Etwas größer als Rebhuhn; das ganze Jahr über weiße Flügel, weißer Bauch und weißgefiederte Füße. ♂ mit roten »Rosen« über den Augen. Im Brutkleid Oberseite, Vorderbrust und Flanken stark gefleckt und schwarzbraun marmoriert. ♀ mehr gelbbraun und schwarzbraun gebändert. Im Herbst sind ♂ mehr grau, ♀ dunkler gelblichgrau. Im Winter beide Geschlechter schneeweiß; lediglich schwarzer Schwanz (mittleres Steuerfederpaar weiß) und beim ♂ schwarzer Strich von der Schnabelwurzel durchs Auge. Weißscheckige Kleider im Herbst und Frühjahr bei der Mauser. ■ Knarrende Rufe des ♂ bei der Balz; ähnliche Rufe auch vor dem Abflug bei beiden Geschlechtern. ■ Oft sehr gut getarnt (Sommer wie Winter) und erst in letzter Minute vor dem Bergwanderer abfliegend (burrendes Fluggeräusch!).

V Br. in der arktischen und subarktischen Zone um den gesamten Nordpol: Island, Skandinavien, Nordsibirien, nördliches Nordamerika, Grönland. Davon isoliert Br. in Nordschottland, in den Pyrenäen und den Alpen. ■ Bei uns Br. der Alpen oberhalb der Baumgrenze; potentiell bedroht. Standvogel. ■ Lebt oberhalb der Krummholzstufe in Fels und Matten.

F Nest am Boden, meist von Steinen und Zwergsträuchern gut gedeckt; flache Mulde. ■ Legebeginn ab Ende Mai, meist im Juni; 1 Jahresbrut. ■ (5) 6–9 Eier; rahmfarben bis rotbräunlich mit vielen kleinen rotbraunen bis schwarzen Flecken bedeckt. ■ ♀ brütet allein etwa 20–24 Tage; Junge verlassen innerhalb des 1. Tages das Nest und werden bis in den Herbst hinein von ♂ und ♀ geführt.

N Knospen, Zweige, Blüten und Früchte (auch Beeren) vieler Alpenpflanzen.

Alpenschneehuhn (Hahn im Winterkleid) beim Schneebad.

Den extremsten Lebensraum Mitteleuropas besiedelt das Schneehuhn. Vor allem für den langen, schneereichen Bergwinter sind besondere Anpassungen nötig. Ein außerordentlich dichtes Federkleid hält den Körper auch im Winter warm; durch den Farbwechsel ist das Schneehuhn zu allen Jahreszeiten in der offenen Alpinstufe gut getarnt. Die befiederten Füße erlauben müheloses Gehen auch im Pulverschnee.
Ein besonderes Problem ist im Winter aber der Energiehaushalt. Nur

Alpenschneehenne im Spätherbst. Vom bräunlichen Sommerkleid sind noch einige Federreste erhalten. Im Unterschied zum Hahn fehlt der schwarze Strich durchs Auge. Die dichte Fußbefiederung (»Schneeschuheffekt«) ist zu erkennen.

ganz bestimmte Stellen bieten jetzt ausreichend Nahrung, z. B. schneefrei gefegte Kanten und Kuppen, von der Wintersonne erreichte Felsbänder an senkrechten Südwänden usw. Die »Verrummelung« unserer Berggipfel durch den Wintersport schafft große Probleme, da Schneehühner ihre angestammten Nahrungsplätze nicht mehr ungestört aufsuchen können und mitunter auch durch erzwungene Flugbewegungen Energie verbrauchen.

Zur Übernachtung werden Schneefelder aufgesucht. Wenn es der Schnee erlaubt, graben die Hühner eine regelrechte Schlafhöhle in den weichen Schnee, die über 1 m lang sein kann. Oft scharren sie auch nur eine Mulde aus oder ducken sich hinter einen Felsvorsprung oder in eine schon vorhandene Schneemulde. Man hat beobachtet, daß schlafende Schneehühner sich sogar regelrecht einschneien lassen. Sie können sich auch aus ihrem raschen, kräftigen Flug, der ihnen selbst bei heftigem Wind das Fortkommen gestattet, direkt in den weichen Pulverschnee fallen lassen und sich dann sofort einbuddeln. Mit allen nur erdenklichen Methoden versucht also das Schneehuhn in der kalten Winternacht die isolierende Eigenschaft des Schnees zu nutzen, um möglichst wenig Wärme zu verlieren. Tagsüber versuchen die Hühner oft durch ein Sonnenbad Wärme zu tanken. Trotz dieser vielfältigen Vorkehrungen grenzt es fast an ein Wunder, daß Schneehühner, die nur von dem kargen Pflanzenkleid des Hochgebirges leben, den Bergwinter hoch über der Baumgrenze überdauern können. Nur besonders energiereiche Teile der Vegetation werden als Nahrung aufgenommen. Für das Überleben der Schneehühner ist es also wichtig, daß die ursprüngliche Vegetation der Alpinstufe durch die Erschließung vieler Gipfel für den Massentourismus und Wintersport nicht zu sehr zerstört wird.

Birkhuhn

Tetrao tetrix

K ♂ glänzend blauschwarzes Gefieder; leierförmiger Schwanz mit auffallend weißen Unterschwanzdekken; weiße Flügelbinde (im Flug zu sehen) und weißer Flügelbug. ♀ deutlich kleiner, von Auerhenne durch die Größe, die weiße Flügelbinde und den flach gegabelten Schwanz beim Abflug zu unterscheiden. Juv. ähnlich ♀. ▪ Bei der Arenabalz im Frühjahr und Herbst von den ♂ das bekannte Kullern oder Gurgeln und ein fauchendes Zischen zu hören. ♀ gackern nasal. ▪ Während Balzbeobachtungen im Tiefland heute selten geworden sind, kann man im Hochgebirge das Kullern der Hähne noch weit in den Vormittag hinein von schneebedeckten Gipfeln hören. Flug mit hoher Schlagfrequenz, dazwischen eingeschaltete Gleitflugstrecken; beim Start oft lautes Fluggeräusch. Sitzt auch relativ oft auf Bäumen, vor allem im Herbst und Winter.

V Br. von Nordeuropa bis Ostasien; davon isoliert in Teilen Großbritanniens, Mittel- und Osteuropas. ▪ Bei uns im Tiefland auf wenige Moorgebiete in der Norddeutschen Tiefebene beschränkt, im Bayerischen und Böhmerwald sowie in den Alpen. Auf den Mooren erst in jüngster Zeit ausgestorben, kleine Restbestände z.B. in der Rhön. Zumindest im Tiefland vom Aussterben bedroht. Standvogel. ▪ Im Gebirge der Wald- und Baumgrenze (Krummholzzone, Matten), im Tiefland vor allem ausgedehnte Moor- und Heideflächen sowie aufgelockerte Waldgebiete.

Birkhenne bei der Nahrungssuche.

F Nest am Boden; in der Vegetation gut versteckt. ▪ Legebeginn Ende April bis Mai, im Hochgebirge erst ab Ende Mai; 1 Jahresbrut. ▪ Meist 7–10 Eier, gelegentlich mehr; Grundfarbe blaßgelb bis braun, viele gelbliche bis braune Flecken. ▪ ♀ brütet 26–27 Tage; nestflüchtende Junge sind etwa mit 4 Wochen selbständig, bleiben aber oft noch bis in den Winter hinein beisammen.

N Hauptsächlich pflanzlich mit jahreszeitlich verschiedener Zusammensetzung (z.B. Knospen, Triebe, Blätter, Nadeln und vor allem Beeren); aber auch kleine Insekten (vor allem Jungvögel).

Mit dem Aussterben des Birkhuhns in den Mooren ist ein schon in der Mitte des vorigen Jahrhunderts eingeleitetes Kapitel abgeschlossen, nämlich die Zerstörung der Hoch- und Niedermoore durch Abtorfung und Entwässerung. In den letzten unter Schutz stehenden kümmerlichen und viel zu kleinen Moorresten sorgen dann Beunruhigung durch Wanderer, Skilangläufer, Tierfotografen und »Naturbeobachter« dafür, daß die Birkhühner bald endgültig verschwinden. Im Hochgebirge ist es zwar noch nicht ganz soweit, doch die Erschließung der Alpen durch den Massentourismus hat zu starken Rückgängen geführt.

Beim Birkhuhn gibt es nicht einmal die Andeutung einer Paarbildung. Die Hennen kümmern sich allein um Gelege und Jungvögel, die Männchen halten sich fast das ganze Jahr über in der Nähe der Balzplätze auf. Man kann sie dort von wenigen Ausnahmen (Hochsommer und Mitwinter) zumindest gelegentlich bei der Balz beobachten. Den Höhepunkt erreicht die Birkhahnbalz im Spätherbst (Oktober/November) und im Frühjahr (April/Mai). Mehrere Hähne (in früheren Zeiten oft über 40–50) versammeln sich schon vor Sonnenaufgang auf einer Balzarena und verteidigen gegeneinander ihre winzig kleinen Territorien. Mit gesträubten schwarzen Schwanzfedern, gegen die sich die weißen Unterschwanzdecken abheben, und vorwärts geneigtem Körper »kullern« die Hähne. Sie stehen dabei entweder auf einer kleinen Erhebung oder trippeln umher; oft drehen sie sich dabei im Kreis. Das ebenfalls weithin zu hörende Zischen wird meist bei gestrecktem Körper und abgespreizten Flügeln ausgestoßen. Die Hähne nehmen gegeneinander Drohposen ein, doch kommt es nicht zu eigentlichen Kämpfen. Stundenlang kann die Balz andauern. Die Hennen erscheinen ganz unauffällig auf diesen Balzarenen und begeben sich zu Fuß in die von den Hähnen abgesteckten Balzterritorien. Offenbar kommen die Hähne im Zentrum der Balzarena am ehesten zum Zug, doch die verzwickten Beziehungen sind im Einzelnen noch gar nicht recht geklärt, obwohl schon seit Jahrhunderten darüber ausführlich geschrieben wird.

Die Hähne sind überdies nicht in der Lage, die sehr ähnlichen Hennen verschiedener Hühnerarten auseinanderzuhalten. Die Hennen erkennen die Art des anderen Geschlechtes. Verschiedentlich sind Bastarde zwischen Birk- und Auerhuhn, aber auch zwischen Birkhuhn und Fasan aus freier Natur beschrieben worden (s. S. 78). Ja es gibt sogar Hinweise darauf, daß das Aussetzen des Fasans in vielen Birkhuhnrevieren mit Restbeständen dazu beitragen kann, den Balzablauf der Birkhähne und damit die Fortpflanzung zu stören. Wahrscheinlich ist zur Erhaltung letzter isolierter Birkhuhnbestände im Tiefland sehr wichtig, zumindest überhöhte Fasanenbestände auszuschließen.

Hahn im Frühjahr am Balzplatz.

Auerhuhn

Tetrao urogallus

K Hahn größer als Gans, dunkelgrau bis schwarz; Flügel braun; über dem Auge rote, nackte Hautstelle; schwarzer Kehlbart; metallisch blaugrün glänzende Brust; weiße Achselflecken. Henne deutlich kleiner, doch größer als Birkhahn; Oberseite bräunlich, Unterseite rostgelb, mit vielen dunklen Querbinden gezeichnet. Beim Auffliegen im Unterschied zur Birkhenne mit abgerundetem und nicht schwach gegabeltem Schwanz. Juv. ähnlich ♀. ■ Die Balzstrophe des Hahns zählt zu den merkwürdigsten einheimischen Vogelstimmen. Sie wird eingeleitet durch 2silbige, tiefe, hart angeschlagene Laute (»Knappen«) wie »tacke-tacke-tacke«, die dann schneller werden (»Triller«). Der Abschluß ist ein plötzlicher, knallender Laut, dem Knall eines Sektkorkens ähnlich (»Hauptschlag«). Nach dem Hauptschlag folgen noch einige wetzende und schleifende Laute (»Wetzen«, »Schleifen«). Henne im allgemeinen wenig ruffreudig, u.a. gackernde Laute.

V Br. von Skandinavien bis Mittelsibirien in der nordischen Nadelwaldzone; ferner Schottland, Nordspanien, einzelne Gebiete Mittel- und Südosteuropas. ■ Bei uns heute auf naturnahe Wälder der höheren Mittel- und Hochgebirge beschränkt; z.B. Alpen, Jura, Vogesen, Schwarzwald, Bayerischer Wald, Böhmerwald, Sudeten, Westkarpaten. In den Alpen heute meist nicht mehr unter 1000 m. Standvogel. ■ Br. in naturnahen und Mischwäldern. Wegen der ausgeprägten Ortstreue benötigt Auerwild nicht nur große Lebensräume; die verschiedenen Lebensansprüche, wie Balzplätze, Brut- und Aufzuchtgebiete, Sommer- und Wintereinstände, müssen auch von einem Gebiet erfüllt werden. Am besten genügen den Ansprüchen nicht oder extensiv bewirtschaftete, reich strukturierte Wälder, die durch Lichtungen aufgelockert sind. Möglichkeiten der Deckung (gut entwickelte Krautschicht), Gelegenheit für Sand- und Staubbäder, reichhaltiges Beerenangebot usw. müssen nebeneinander vorkommen. Im Winter sind windgeschützte Nadelholzbestände wichtig. Moderne Wirtschaftswälder, einförmige und hochstämmige Monokulturen sind für das Auerwild nicht geeignet.

F Nest am Boden; in Vegetation gut versteckt. Legezeit Mitte April bis Mitte Mai; 1 Jahresbrut. ■ 5–12 Eier; Grundfarbe gelblichbraun, viele kleine und größere, graue bis dunkelbraune Flecken und Punkte. ■ ♀ brütet allein etwa 25–27 Tage und führt auch allein die Jungen. Meist lösen sich die Gesperre (= ♀ mit Jungen) erst im September auf.

N Überwiegend pflanzlich; Kleintiere werden vor allem von den Jungen in den ersten Lebenstagen aufgenommen. Im Winter fast ausschließlich Koniferennadeln (vor allem Kiefer, aber auch Fichte, dazu Knospen und Triebe). Im Frühjahr Knospen, junge Nadeln, Blätter, Blüten, Blütenstände verschiedener Laubbäume, aber auch Gräser. Im Hoch- und Spätsommer Beeren und Früchte (vor allem Preisel- und Heidelbeere). Zur Verdauung der harten pflanzlichen Substanz werden Magensteinchen aufgenommen (s. unten).

Wie beim Birkhahn spielt auch die Balz des Auerhahns eine besondere Rolle in der jagdlichen Überlieferung. Merkwürdigerweise sind wir aber trotz umfassender Literatur noch lange nicht über alle Einzelheiten ausreichend informiert. Jeder kennt, zumindest von Bildern und Präparaten, die Balzhaltung des Auerhahns mit hochgerecktem Kopf und Hals, gesträubtem Kehlbart, etwas abgestellten Flügeln, und besonders dem stark gefächerten Schwanz. Die hohe Zeit der Auerhahnbalz ist vom Spätwinter bis Frühling. Je nach Höhenlage beginnen die Hähne schon ab Februar, oft aber erst ab Ende März zu singen. Etwa Ende Mai ist dann die Balz zu Ende. Vom Herbst bis zum ersten anhaltendem Schneefall ist die auch von anderen Hühnervögeln bekannte Herbstbalz zu beobachten, die allerdings meist nicht so auffällig und vor allem oft nicht an den bekannten Balzplätzen stattfindet.

Auch beim Auerhuhn gibt es keine eheliche Bindung. Hähne und Hennen leben den größten Teil des Jahres getrennt, oft in kleinen Gruppen. Die Henne kümmert sich allein um Gelege und Jungvögel. Meist finden sich bei der heutigen geringen Populationsdichte des Auerhuhns nur wenige Hähne an einem Balzplatz ein. Einzelne von ihnen verteidigen oft jahrelang dieselben Reviere.

Balzplätze der Auerhähne müssen Singwarten und kleine offene Stellen aufweisen, denn ihren merkwürdigen Balzgesang lassen Auerhähne von verschiedenen Stockwerken des Waldes hören, nämlich aufgebaumt auf einem kräftigen Ast oder am Boden (Bodenbalz). In klaren Nächten beginnt schon bei Mondschein die Morgenbalz und kann sich auf dem Höhepunkt der Balzzeit bis in den Vormittag hineinziehen. Bereits am späten Nachmittag fängt sie oft wieder an und dauert bis tief in die Abenddämmerung.

Die Hennen zeigen sich unauffällig einzeln oder in kleinen Gruppen an den Balzplätzen. Wie beim Birkhuhn

Auerhenne sichert.

müssen auch hier zunächst zwischen Hahn und Henne Aggressivitäten abgebaut werden. Es kann Tage dauern bis eine Henne vor dem ihr in Imponierhaltung nachlaufenden Hahn nicht mehr flüchtet. Man hat herausgefunden, daß die Hennen vor allem diejenigen Hähne wählen, die ein möglichst ausgewogenes Verhältnis zwischen Imponierverhalten und Beschwichtigungsverhalten zeigen. Es bedarf also eines erstaunlich komplizierten Verhaltensmusters, bis es zur Paarung kommt, die wenige Sekunden dauert. Hahn und Henne gehen dann wieder für etwa 1 Jahr ihre eigenen Wege.

Bastarde zwischen Auer- und Birkhuhn sind als Rackelwild bekanntgeworden (s. S. 75). Solche Artbastarde sind in der Regel unfruchtbar.

Ein Auerhuhnbiotop muß viele einzelne Requisiten enthalten, um das Überleben einer Population zu garantieren. Die wichtigsten Voraussetzungen lassen sich schon am Aufbau und der Struktur des Waldes ablesen. Als Grundausstattung eines typischen Auerhuhnrevieres in einem naturnahen Bergmischwald müssen vorhanden sein: Im untersten Stockwerk kleine Jungfichten als Winternahrung des Hahnes; Heidelbeeren als Sommer- und Herbstnahrung von Alt- und Jungvögeln; Waldlichtungen als Bodenbalzplatz; offener Waldboden (z. B. an einem umgestürzten Baum), der Möglichkeit zur Aufnahme von Magensteinchen bietet; geschützter Brutplatz; sandige Stelle für das Staubbad (»Huderpfannen«); Ameisenhaufen für Insektennahrung. Das mittlere und obere Stockwerk müssen bereithalten: einen geeigneten Balzbaum, freie und gedeckte Schlafplätze für Henne und Hahn; Fichtenzweige als Winternahrung sowie Buchenlaub als Sommer- und Herbstnahrung.

Noch ein Wort zu den oben erwähnten Magensteinen. Zur Unterstützung der mechanischen Arbeit des Muskelmagens, durch die das schwer verdauliche Pflanzenmaterial für die chemische Bearbeitung vorbereitet wird, nehmen viele pflanzenfessende Vögel harte Steinchen (meist Quarz) auf. Bis zu 2800 Steinchen mit einem Höchstgewicht von fast 33 g wurden schon im Magen eines Auerhahns gefunden. Die größten haben einen Durchmesser von etwa 5 mm. Ihre

Auerhahn im Sommer (kleine »Rosen« über dem Auge).

Auerhahn bei der Bodenbalz.

Zahl wechselt je nach Jahreszeit. Am schwersten aufzuschließen sind die Koniferennadeln, die den Hauptbestandteil der Winternahrung bilden.

Das Schicksal des Auerhuhns war von jeher mit dem des Waldes in Mitteleuropa verbunden. Durch die Rodungen vom Mittelalter bis zur beginnenden Neuzeit wurde der Lebensraum eingeengt. Seither hat das Vordringen des modernen Wirtschaftswaldes das noch übrig gebliebene Areal bei uns auf ein Minimum zurückgedrängt. Hinzu kommen auch Klimaschwankungen: Das Vordringen des regenreicheren maritimen Klimas hat, wie viele Experten meinen, in neuerer Zeit zu verminderter Nachkommenschaft und damit zu Bestandseinbußen geführt. Die Veränderung des Lebensraumes ist aber in erster Linie durch den Menschen drastisch vorangetrieben worden. Vor allem kommen Intensivierung der Forstwirtschaft und damit verbundene Veränderungen der Struktur und im Aufbau des Waldes in Betracht. Aber auch Straßenbau, Beunruhigung durch Tourismus, Freizeit und Erholung (z. B. Langlaufloipen), Eingatterung von Schonungen, möglicherweise auch Zunahme von Feinden für Jungvögel und Gelege (z. B. Wildschweine), Straßenbau usw. trugen zum Rückgang bei. In vieler Hinsicht ist die Situation des waldbewohnenden Auerhuhns dem offene Gebiete bevorzugenden Birkhuhn ähnlich. Die Veränderung unserer Wälder durch das Waldsterben wird ganz besonders dem Auerhuhn zum Verhängnis werden, das ja auf Laub und Nadeln angewiesen ist.

Hähne erreichen ein Gewicht von 4–5 kg, Hennen werden nur etwa 2–2,5 kg schwer. Die ausschließlich pflanzliche Ernährung das ganze Winterhalbjahr hindurch bedeutet daher, daß die Vögel enorme Mengen aufnehmen müssen. Auch die kalte Winternacht fordert einen hohen Energiebedarf. Man schätzt, daß Hähne etwa 440–550 g Pflanzenmaterial pro Wintertag aufnehmen müssen, Hennen immerhin 220–270 g. Der prall gefüllte Kropf des Hahnes kann etwa 150–200 g Fichten- oder Kiefernnadeln fassen.

Steinhuhn

Alectoris graeca

K Gut rebhuhngroß; Oberseite, Brust und Hals graubraun, Bauch gelblich. Seiten des Körpers auffallend schwarz quergebändert; Kehle, Wangen und vorderer Hals weiß und von einem breiten, schwarzen Saum umgeben. Schwanz (vor allem im Abfliegen zu sehen) rotbraun. Füße und Schnabel rot. ■ Gesang hat Ähnlichkeit mit dem Wetzen der Sense, etwa »tschatzibitz – tschatibit« usw. Lockrufe sanft »gak-gak-gak«.
V Br. von den Alpen bis an die Balkanhalbinsel und nach Südgriechenland sowie in den südlichen Apenninen bis Sizilien. ■ Bei uns auf die Hochalpen beschränkt; selten. Standvogel. ■ Lebt in steinigem und felsigem Gelände des Hochgebirges, meist nicht so hoch wie das Schneehuhn, jedoch höher als das auf die Krummholzzone und die Matten beschränkte Birkhuhn.
F Nest am Boden. ■ Legezeit Mai/Juni; 1 Jahresbrut. ■ 9–14, selten mehr Eier; Grundfarbe gelblich, meist mit wenigen rostfarbenen Punkten und Flecken besetzt. ■ ♀ brütet 24–26 Tage; das ♂ hält sich in der Nähe des Nestes auf; Küken verlassen das Nest sofort nach dem Schlüpfen; Länge der Führungszeit durch das ♀ unbekannt.
N Pflanzlich; im Sommer und Herbst vor allem Blattspitzen von Gräsern und Kräutern, Knospen von Bäumen, Koniferennadeln, aber auch Früchte und Samen; im Winter Samen. Nahrung der kleinen Jungen auch Insekten.

Das Steinhuhn nimmt eine Sonderstellung in unserer Vogelwelt ein, denn es gehört eigentlich zu einem tiergeographischen Bereich, der etwa vom östlichen Mittelmeer bis in warmtrockene Gebiete Asiens reicht. Kein anderer Vogel dieses tiergeographischen Typs hat in den Alpen Fuß fassen können. Doch nicht nur das: Das Steinhuhn kann sogar in den Alpen überwintern, obwohl ihm im Gegensatz zum Schneehuhn viele Anpassungen an das Überwintern im Hochgebirge fehlen, wie z.B. befiederte Läufe, die das Einsinken im lockeren Schnee verhindern. Auch Schneehöhlen werden nicht gegraben, und mit Nahrungsverknappung ist im Winter zu rechnen, da das Steinhuhn im Gegensatz z.B. zum Birkhuhn keine Nahrung von hohen Bäumen nimmt.
So entstehen für das Steinhuhn unter den hochwinterlichen Bedingungen im Gebirge große Probleme. Es kann daher nur unter ganz bestimmten Bedingungen vorkommen, z.B. an südexponierten Hängen, die auch im Winter möglichst schneearm bleiben. Hänge mit dichten Wäldern werden gemieden, da sie häufig das an offenes Land angepaßte Steinhuhn daran hindern, je nach Jahreszeit verschieden hohe Lagen aufzusuchen. Zur Brutzeit sind lichte Baumbestände, Zwergstrauchgesellschaften usw. erwünscht. Nachher steigen die Steinhühner meist etwas höher hinauf in die nun schneefrei gewordene Alpinstufe, um dann bei Einbruch des Winters wieder in tiefere Lagen auszuweichen. Nur ein sehr kompliziertes und günstiges Nebeneinander verschiedener Le-

bensmöglichkeiten bei insgesamt sehr mildem und trockenem Alpenklima schafft die Voraussetzung fürs Überleben.
Angesichts solcher Schwierigkeiten fragt man sich natürlich, wie ein ostmediterraner Vogel überhaupt in die Alpen vorstoßen konnte. Der Schweizer Ornithologe Peter Lüps kommt nach Sichtung aller Tatsachen zu dem Schluß, daß die Art wahrscheinlich erst nach der letzten Eiszeit in die Alpen eingewandert ist. Dabei hat der Mensch eine wichtige Rolle gespielt, vermutlich als er vom Mittelmeergebiet und Norditalien aus in den Alpenraum vordrang. Der Anbau von Kulturpflanzen, der in den Alpen in früheren Jahrhunderten viel höher hinaufreichte als heute, mag neben der Rodung von Wäldern geeignete Biotope geschaffen haben, aber auch eine Nahrungsgrundlage in Form von »Unkräutern«, die mit dem Anbau in die Alpen eingewandert sind. Für solche Überlegungen spricht vieles, insbesondere auch die Tatsache, daß auch heute noch das Steinhuhn, zumindest bei der Überwinterung, auf Flächen angewiesen ist, die letzten Endes vom Menschen geschaffen wurden.
2 Arten, die zwar gegenwärtig in Mitteleuropa nicht wildlebend vorkommen, sind dem Steinhuhn sehr ähnlich. Das Chukarhuhn *(Alectoris chucar)* brütet von Vorderasien bis Zentralasien, wurde aber mittlerweile in vielen Gebieten (u. a. auch Nordamerika) eingebürgert. Auch in Mitteleuropa gibt es verschiedene Einbürgerungsversuche. Die Art sieht dem Steinhuhn zum Verwechseln ähnlich. Wichtigste Unterscheidungsmerkmale: Kehle mehr beige als weiß; die schwarze Kehlumrandung reicht an der Brust nicht so weit nach hinten; außerdem sind die Ohrdecken leuchtend rotbraun bis gelb. Das Rothuhn *(Alectoris rufa)* ist heute auf Spanien, Frankreich, Norditalien und Südwestengland beschränkt, brütete aber noch bis in die Neuzeit im Rheinland. Aussetzungs- und Wiedereinbürgerungsversuche sind bei uns mehrfach unternommen worden. Das Rothuhn ist brauner als die beiden anderen Gattungsverwandten, die schwarze Kehlumrandung ist breiter und löst sich in einzelne schwarze Flecken an der Unterseite auf.

Kopf des Rothuhns.

Chukarhuhn: Kehle mehr rahmfarbig (statt weiß), dunkle Umrandung hinter dem Auge, deutlicher rotbraun als beim Steinhuhn.

Rebhuhn

Perdix perdix

K Klein und gedrungen, höchstens halb so groß wie das Haushuhn; kurze runde Flügel; kurzschwänzig. Rostgelber Kopf, hellgrauer Vorderkörper, rostrote Seitenbänderung; an der Brustmitte mehr oder weniger starker, bei ♀ manchmal fehlender dunkelbrauner Fleck in Form eines Hufeisens; Schwanz lebhaft rostrot mit Ausnahme der mittleren Steuerfedern. Juv. unscheinbar gelbbraun. In allen Kleidern kurzbeiniger und kurzschwänziger als Fasan. Hahn und Henne sind nur an der Zeichnung der Schulterfedern und der Oberflügeldecken zu unterscheiden. Beim ♀ weisen diese Federn neben dem hellen Längsstrich noch eine helle Querbänderung auf. ▪ Revierruf des ♂ knarrend »girrhäk« oder ähnlich. Im Abflug hört man ein hohes »gigigi ...«. Bei Überraschung auch ein gellendes, hastiges »reprepreprep ...«. ▪ Fliegt unter lautem Flügelburren auf; Flug meist niedrig über dem Boden mit hastigen Flügelschlägen und dazwischengeschalteten Gleitflugstrecken, wobei die Flügel nach unten gebogen sind. Rennt sehr schnell.

V Br. von West- und Mitteleuropa bis Westsibirien; fehlt im größten Teil Skandinaviens, Spaniens und auf vielen Mittelmeerinseln. Eingebürgert in Südskandinavien, Nordamerika und Neuseeland. ▪ Bei uns verbreiteter Br. im Tiefland; ausnahmsweise in höheren Lagen der Mittelgebirge und in Alpentälern. In erster Linie als Folge intensiver Landbe-

Rebhühner brauchen Ackerraine und kleine Wiesenstücke in der Agrarlandschaft.

wirtschaftung in letzter Zeit auffallend zurückgegangen und daher insgesamt stark bedroht. Standvogel. ▪ Als ursprünglicher Steppenvogel heute bei uns als Kulturfolger auf Akkerland, trockenen Heiden, Brachland usw., aber nur auf trockenem Boden. Hecken, Büsche, Staudenfluren müssen für Deckung sorgen; nur abwechslungsreiche Landschaft sichert das nötige Nahrungsangebot.
F Nest flache Bodenmulde, mit etwas Nistmaterial ausgekleidet; Dekkung durch Vegetation notwendig. ▪ Legezeit Ende April/Mai; 1 Jahresbrut. ▪ (8) 10–20 (24) Eier; olivbraun bis bräunlichgrau. ▪ ♀ brütet etwa 25 Tage; die Jungen verlassen das Nest gleich nach dem Trockenwerden und sind mit etwa 5 Wochen selbständig; der Familienverband hält aber noch bis in den Winter hinein zusammen; auch das ♂ bleibt bei den Jungen.
N Überwiegend pflanzlich (Sämereien, Knospen usw.); Junge nehmen in den ersten Wochen fast nur Kleintiere zu sich.

Rebhühner sind zum größten Teil des Jahres Einzelgänger bzw. einzelne Paare halten fest zusammen. Der Kontakt zu den anderen Paaren wird möglichst gemieden. Dieses kontaktscheue Verhalten hatte in neuester Zeit für den Bestand sehr negative Auswirkungen. Die Ausräumung der Agrarlandschaft, das Entstehen von maschinengerechten, großen, einheitlichen Flächen ohne jede Deckung führt dazu, daß die Abstände der einzelnen Familiengruppen sehr viel größer und die Siedlungsdichten geringer werden. Dort, wo durch eine Buschreihe oder einen Feldrain mit etwas höherer Vegetation Deckung in geringeren Abständen vorhanden ist, können sich die Rebhühner gegenseitig nicht sehen und siedeln daher sehr viel dichter. Hinzu kommt natürlich, daß das Verschwinden von Kleinstrukturen, die totale Ernte von großen Ackerflächen innerhalb weniger Tage, die maschinelle Bearbeitung des Bodens und viele andere Folgen der modernen Landbewirtschaftung das Nahrungsangebot schmälern und auch die Möglichkeiten für eine gut geschützte Anlage des Nestes verringern. Ähnlich wie bei anderen Hühnervögeln, die das ganze Jahr über in ihrem Aufenthaltsgebiet bleiben, muß eben auch beim Rebhuhn eine Vielzahl von Strukturen zusammenkommen, auch wenn das in der einfach strukturierten Agrarlandschaft auf den ersten Blick nicht so aussieht.

Schon ein Weidepfosten kann Schutz vor kalten Winden bedeuten.

Im Spätsommer und Herbst kann man neben Einzelhühnern auch kleine Familienverbände, Altvögel und erwachsene Junge beobachten, die man in der Jägersprache Kette nennt. Unter dem Eindruck der Winterbedingungen können einzelne Familien ihre Neigung zur Isolation aufgeben und sich vorübergehend zu größeren Scharen zusammentun. Der Jäger spricht dann vom Volk. Solche Völker sind meist nur von Mitte November bis spätestens Februar/März festzustellen.

Wachtel

Coturnix coturnix

K Nur etwa starengroß, erdbraun, kurzschwänzig und rundlich. Auf dem Rücken auffällige, gelbliche Längsstriche, die meist mindestens 2, helle, deutliche Längsstreifen bilden. Bei ♂ Kopf und Kehle mit dunklerer Zeichnung bis hin zu dunkler Kehle; bei ♀ Kehle weiß, Brust gefleckt. ▪ Revierruf des ♂ sehr bezeichnend »pick-wer-wick« (auf der ersten Silbe am stärksten betont); Ruf wichtig für die Feststellung der Anwesenheit von Wachteln, da man die Vögel selbst sehr selten zu Gesicht bekommt. Bei erschrecktem Auffliegen schrill, aber nicht sehr laut »reck reck«, »krie« oder ähnlich.

V Br. in Ost- und Südafrika, Madagaskar; ferner von Nordafrika über West- und Mitteleuropa nach Osten bis an den Baikalsee, Vorderasien, Nordindien. ▪ Bei uns verbreiteter Br. des Tieflandes, jedoch Bestände sehr stark wechselnd; insgesamt stark bedroht. Zugvogel (Ende April/Mai bis September/Oktober). Winterquartier reicht von Südeuropa bis fast ins tropische Afrika; die meisten mitteleuropäischen Brutvögel überwintern im Mittelmeergebiet.

F Nest flache Mulde im Boden. ▪ Legebeginn Mitte/Ende Mai bis Anfang Juni; Zahl der Jahresbruten ?. ▪ 7–14 (16) Eier; Grundfarbe gelblich mit dunklen, dunkelbraunen bis schwarzen Flecken, die ein sehr variables Muster bilden können. ▪ ♀ brütet 18–20 Tage; führt die Jungen allein, die nach etwa 19 Tagen voll flugfähig sind und sich etwa mit 4–7 Wochen selbständig machen.

N Hauptsächlich Sämereien; mehr Insekten als das Rebhuhn, dagegen weniger grüne Pflanzenteile.

Wachtel am Gelege.

Als einzige Art unserer Hühnervögel ist die Wachtel ein ausgesprochener Zugvogel. Schon dadurch deutet sie ihre Vorliebe für warme Klimabereiche an. Auffallend sind in Mittel- und Nordeuropa die starken Schwankungen des Sommerbestandes von Jahr zu Jahr. Manchmal tauchen Wachteln für kurze Zeit auch in Gebieten auf, in denen sie viele Jahre fehlten, um dann wieder für lange Zeit auszubleiben.
Die Ursachen hierfür sind wahrscheinlich sehr kompliziert. Sicher spielen Witterungsbedingungen und langfristig gesehen auch Klimaschwankungen eine Rolle. In manchen Jahren, auch erfreulicherweise heute noch, ist die Wachtel sehr viel häufiger als üblich.

Insgesamt gesehen sind sicher die Zukunftsaussichten der Wachtel im Zeichen moderner Landbewirtschaftung nicht besonders rosig. Doch andererseits nimmt man an, daß viele Entwicklungen in der Landwirtschaft der letzten Jahrzehnte durch Erschließung neuer Lebensmöglichkeiten für die Wachtel recht förderlich waren. Auch ist noch keineswegs geklärt, wie sich der Massenfang von Wachteln im Mittelmeergebiet auf den Bestand auswirkt. Die Unsicherheit in der Beurteilung rührt z.T. davon her, daß Wachteln außerordentlich schwer in freier Natur zu beobachten und untersuchen sind. Viele Lebensdaten sind uns daher noch nicht bekannt.

Die Biologen S. Bauer und G. Thielcke des Max-Planck-Instituts für Verhaltensphysiologie, die erst vor kurzem eine sehr ausführliche Studie über die Gefährdung der Brutvögel in der Bundesrepublik Deutschland vorgelegt haben, kommen nach kritischer Würdigung aller Fakten zu folgenden Ursachen und Verursachern für die Gefährdung der Wachtel: Verluste auf dem Zug vor allem durch die Jagd in den Mittelmeerländern (in der EG vor allem Italien und Frankreich); Rückgang des Hackfruchtbaus in der einheimischen Landwirtschaft; Umwandlung kleiner in große, einheitlich strukturierte Felder; Aufgabe extensiver Nutzungsformen; großflächige Ausschaltung von Unkräutern durch Vertilgungsmittel (Herbizide). Gerade die lange zu Unrecht als »Unkräuter« abqualifizierten Feldkräuter erweisen sich mehr und mehr als wichtige Bestandteile der Kulturlandschaft, von denen neben vielen anderen Tieren auch Vögel direkt und indirekt profitieren.

Für den Beobachter sind Wachteln zumindest während der Brutzeit so gut wie unsichtbar, da sie sich ständig in Deckung halten. Naht sich eine Gefahr, wird die nächste Deckung zu Fuß aufgesucht. Doch lassen sie z.B. Menschen bis auf wenige Meter herankommen und fliegen nur dann auf, wenn sie wirklich keinen anderen Ausweg mehr sehen.

Zur Zugzeit geraten Wachteln gelegentlich mitten in unsere Großstädte: Sie ziehen nur nachts und gehen, wenn sie durch Lichter irritiert werden, zu Boden.

Maschinengerechte Ackersteppen ohne Deckung und Nahrungsangebot in kritischen Zeiten bieten Wachteln, Rebhühnern und anderen Feldvögeln kaum eine Überlebenschance. Hecken, Feldgehölze, Feldraine können die Situation bereits wesentlich verbessern.

Fasan

Phasianus colchicus

K Die bunten ♂ in verschiedener Färbung sind heute die auffälligsten Vögel der Feldmark. Auch die ♀ sind leicht an ihren langen Schwanzfedern zu erkennen. Juv. sind kurzschwänzig, braun, hell und dunkel gemustert wie ♀; hochbeiniger als Rebhühner. ■ Der Revierruf des Hahnes ist schwer zu beschreiben, etwa heiser und blöckend »göögöck«. Aufgescheucht ruft das ♂ gepreßt »göggög«. Lautäußerung der ♀ unauffällig leise und selten. ■

Die brütende Fasanenhenne ist gut getarnt.

Fasane sieht man häufig offen auf den Äckern und Wiesen herumlaufen. Verschiedene Farbtypen der ♂ kommen davon her, daß verschiedene Rassen ausgesetzt wurden.

V Ursprünglich Br. in Trockengebieten Asiens von Kleinasien bis nach Japan in vielen verschiedenen Rassen. Heute ausgesetzt in vielen Teilen der Welt unter anderem auch in vielen Ländern Europas. Fehlt in vielen Gebieten des Mittelmeerraumes. ■ Bei uns heute in Niederungsgebieten verbreitet und einer der häufigsten Großvögel der Feldmark; jedoch müssen bei ungünstiger Witterung in höher gelegenen Gebieten ständig Fasane neu ausgesetzt werden. Nicht selten werden Fasane im Sommer nur ausgesetzt, damit sie im Herbst bei der Jagd geschossen werden können.

F Nest gut gedeckt am Boden. ■ Legezeit April bis Juni; 1 Jahresbrut; bei Gelegeverlust Ersatzbrut. ■ 8–12, manchmal mehr einförmig grünlichgraue bis olivbraune Eier. ■ ♀ brütet 22–24 Tage. Die Jungen werden vom ♀ geführt, sind mit 10–12 Tagen flugfähig, bleiben aber bis ins Alter von 80 Tagen beim ♀.

N Vielseitig, pflanzlich, in den ersten Lebenswochen überwiegend aus Kleintieren bestehend. Vor allem Sämereien bis hin zur Größe von Eicheln, Beeren, weiche Früchte, aber auch grüne Pflanzenteile.

In vielen Gegenden ist der Fasan heute der einzige auffällige Vogel der Feldmark. Er verdankt seine Existenz als beliebtes Niederwild offenbar schon lange zurückreichenden Einbürgerungsversuchen. Wann zum erstenmal freilebende Fasane bei uns vorkamen, ist allerdings heute nicht mehr sicher festzuhalten. Jedenfalls gibt es im Rheinland schon Hinweise aus dem 12. und 13. Jahrhundert. Nach und nach hat dann der Fasan viele Teile Mitteleuropas »erobert«. Allerdings dürften sich alle älteren Angaben auf Vögel beziehen, die in Fasanerien erbrütet und dann freigelassen wurden. Heute gibt es längst in vielen Teilen Bestände, die sich selbst erhalten können, doch die meisten dürften erst aus dem 20. Jahrhundert stammen.
Jägerische Hegemaßnahmen sind aber vielfach nötig, vor allem wenn der Fasanenbestand auf einer Höhe gehalten werden soll, die für die Jäger noch interessant ist. Die Jagdstrecken in der Bundesrepublik Deutschland sind in den letzten Jahren allerdings zurückgegangen. Wurden im Jagdjahr 1974/75 noch über 1,3 Millionen Fasane erlegt, waren es im Jagdjahr 1978/79 nur knapp 530000. Immerhin werden vom Federwild nur Ringeltauben noch häufiger geschossen, im Jagdjahr 1978/79 z.B. über 800000. Die zu dieser Zeit bereits stark angeschlagenen Bestände des Rebhuhns schlugen im Streckenbericht für die Bundesrepublik Deutschland 1978/79 noch mit etwa 139000 zu Buche, im Jagdjahr 1975/76 wurden dagegen über 200000 erlegt.
Solche Streckenberichte sind mit vielen Unsicherheiten belastet. Man darf sie daher keineswegs als direktes Maß für die Bestandsgröße einer Tierart nehmen. Sie geben in erster Linie Hinweise auf die Aktivität und den Erfolg der Jäger und lassen daher nur bedingt Schlüsse auf Bestandsentwicklungen zu. Immerhin scheint für den Fasan ein Höhepunkt der Bestandsentwicklung, der sich jedenfalls in den bundesdeutschen Jagdstrecken von 1971 bis 1975 abzeichnete, überschritten zu sein. Möglicherweise ist die Entwicklung der modernen Landwirtschaft daran schuld. Fasane werden aber auch in ungünstigen Gebieten ausgesetzt.

Kaum trocken, verlassen die Jungen das Nest.

Fasanenhenne.

Hohltaube

Columba oenas

K Etwa Haustaubengröße, also deutlich kleiner als Ringeltaube. Gesamtfärbung taubengrau, kein Weiß an Bürzel und Flügel; dafür 3 kurze schwarze Querbinden im Flügel, von denen meist aber nur 2 deutlich erkennbar sind. Ad. mit einem glänzend grün und purpurrot schillerndem Fleck auf den Halsseiten. Leicht mit wildfarbigen Haus- und Straßentauben in der Nähe von Ortschaften zu verwechseln. ▪ Am Brutplatz ein etwas heulender und meist endbetonter Ruf etwa »kou hú u up«, oft auch fast nur 2silbig klingend. ▪ Vor allem im Spätsommer und Herbst auch mit anderen Tauben zusammen auf Feldern bei der Nahrungssuche zu sehen und darum sehr schwer von Haustauben zu unterscheiden.

V Br. in Nordafrika, Europa bis Westsibirien; fehlt in weiten Gebieten Nordeuropas und in einigen Mittelmeerländern (z. B. Griechenland). ▪ Bei uns vom Tiefland bis ins Mittelgebirge teilweise verbreiteter Br., aber vielerorts fehlend und sehr zurückgegangen; stark bedroht. Zugvogel, der nur in ganz geringer Zahl in besonders milden Gebieten Mitteleuropas überwintert. Hauptwinterquartier Mittelmeergebiet (normalerweise März bis Ende Oktober). ▪ Brut in Baumhöhlen, Nahrungssuche vorwiegend auf dem Boden. Bevorzugte Lebensräume sind kleine, nicht zu dichte Altholzbestände, die mit Wiesen und Ackerlandschaft abwechseln, z. B. Laub- und Mischwälder, Parkanlagen, größere Gehölze, Alleen usw.; in geschlossenen Wäldern meist mehr in den Randzonen.

F Brütet in Baumhöhlen, aber auch in Nistkästen; Nistmaterial wird eingetragen. ▪ Eier werden vom April bis August gelegt; 2–3, vielleicht auch 4 Jahresbruten. ▪ 2 weiße Eier. ▪ ♂ und ♀ brüten 16–18 Tage; Nestlingsdauer je nach Jahreszeit 20–30 Tage.

N Überwiegend pflanzlich; meist Früchte und Samen von Gräsern und Kräutern, auch grüne Pflanzenteile; ferner Eicheln, Bucheckern und auch Kleintiere am Boden.

Brutbiotop der Hohltaube.

Die Geschichte der Hohltaube in Mittel- und Westeuropa hängt sehr eng mit dem Schicksal des Waldes zusammen. Im 19. und noch zu Beginn des 20. Jahrhunderts fand vor allem in Frankreich, Großbritannien und den Beneluxländern nicht nur eine starke Vermehrung des Bestandes, sondern auch eine Neubesiedlung vieler Gebiete statt, in denen die Hohltaube bisher fehlte. Auf den Britischen Inseln war wohl die Ausdehnung der Landwirtschaft entscheidend, mit einer zusätzlichen Nahrungsquelle auf Feldern. Allerdings ging hier durch die Verwendung von Pestiziden der Brutbestand etwa 1955–1965 stark zurück, hat sich aber neuerdings wieder erholt.

In Frankreich und den Beneluxländern dürfte vor allem die Waldwirtschaft eine Rolle gespielt haben, nämlich einmal das Aufkommen von Hochwäldern mit neuen Brutmöglichkeiten, die vor allem auch dem Schwarzspecht neue Ausbreitungsmöglichkeiten gaben, der als Höhlenbauer ein wichtiger Wohnungslieferant für die Hohltauben darstellt. Andererseits werden Hohltauben oft zum Umsiedeln gezwungen, wenn die Waldwirtschaft intensiviert wird.

Mit dem Vordringen nach Westeuropa kamen Hohltauben auch in Gebiete mit mildem Winterklima, so daß viele gar nicht mehr wegziehen müssen. Auch können Tauben mildes Klima durch längere Brutzeit und evtl. auch vermehrte Bruten nutzen. In Großbritannien z.B. beginnt die Brutperiode schon im Februar und dauert bis September.

Der Rückgang von Altholzbeständen und das Verschwinden alter Höhlenbäume verbunden mit einem Bruthöhlenmangel wird für den Rückgang der Art in Mitteleuropa neuerdings verantwortlich gemacht, doch meinen manche Experten, daß damit allein diese z.T. auffallende Bestandsverminderung nicht erklärt werden kann. Sicher kommt auch eine Verschlechterung der Nahrungssituation hinzu, da durch die Intensivierung der Landwirtschaft in großem Umfang Ackerunkräuter verschwunden sind und sich damit die Ernährungssituation samenfressender Vögel empfindlich verschlechtert hat. Gebietsweise ist es aber auch gelungen, Hohltauben mit entsprechenden Nistkästen anzusiedeln.

Trotz Brut in geschützter Höhle spielen ganz offenbar Nestplünderer wie Dohle, Eichelhäher, Elster, Wald- und Steinkauz, aber vor allem auch der Baummarder, der sich in vielen Gegenden Mitteleuropas neuerdings stark vermehrt hat, eine Rolle. Man darf auch nicht vergessen, daß die Taubenjagd, vor allem in Südwesteuropa, auf dem Zug erhebliche Verluste verursacht. Im Oktober/November sind viele deutsche Hohltauben in SW-Frankreich, vor allem im Vorland der Pyrenäen; die weitesten haben zu dieser Zeit bereits Zentralspanien erreicht. Die massive Taubenjagd in den Pyrenäen erfaßt auch viele beringte Hohltauben und dezimiert die Bestände. Im Dezember/Januar wurden einzelne Vögel aus Süd- und Mittelspanien sowie Frankreich zurückgemeldet.

Fast flügge Hohltaube am Höhleneingang (Spechtloch). An der Brust sind noch Reste des Dunenkleides zu erkennen.

Ringeltaube

Columba palumbus

K Größte einheimische Taube; größer als Haustaube, ziemlich langschwänzig. Im Flug fällt ein breites weißes Band im Flügel auf. Oberseite blaugrau, Bauchunterseite etwas heller, Kropf und Brust weinrötlich. Altvögel am Hals ein weißes Abzeichen, das oben und unten von metallisch glänzenden Federn begrenzt wird. Juv. ohne Halsabzeichen, aber mit weißem Flügelstreif. ■ Gewöhnlicher Revierruf 4silbig »rúhgu gugu«, aber auch »ruggúh – gugu«. ■ Beim Auffliegen oft lautes Flügelklatschen. Im Spätsommer und Herbst große Schwärme auf Äckern und Wiesen.

V Br. in Nordafrika und fast in allen Ländern Europas (außer nördlichstes Skandinavien) bis Südwestsibirien und ins westliche Zentralasien. ■ Bei uns weit verbreitet und häufig im Tiefland; in höheren Gebirgslagen selten. Teilzieher; überwintert in Mitteleuropa nur in milden, atlantischen Gebieten; sonst Zugvogel mit Winterquartier im Mittelmeergebiet. ■ Häufiger Br. in der Kulturlandschaft, in vielen Gebieten auch als Stadtvogel eingewandert.

Balzende Ringeltauben: Prahlendes Männchen (rechts).

F Nest ein einfacher Bau aus Zweigen; auf Bäumen oder in höheren Büschen; Eier kann man gelegentlich von unten durchschimmern sehen. In Städten heute auch zunehmend auf Mauersimsen, Fensterbänken usw. brütend. ■ Legezeit von April bis September; 2–3 Jahresbruten. ■ 2 weiße Eier. ■ ♂ und ♀ brüten 16–17 Tage; Nestlingsdauer 28–32 Tage.

N Fast ausschließlich pflanzlich; im Herbst vor allem Eicheln, Bucheckern und Getreidesamen; im Frühjahr und im Winter auch grüne Blätter, z.B. Klee, Gemüse, Raps, Hahnenfuß, Gräser; auch Beeren und andere Früchte bzw. Sämereien.

Die Ringeltaube hat sich im Verlauf der letzten 150 Jahre in Europa nicht nur stark vermehrt, sondern ihr Areal auch nach Westen und Norden ausgedehnt. Wahrscheinlich haben zunächst einmal die Ausweitung der Ackerflächen diese Vermehrung bewirkt, später auch der Anbau von Ge-

müsepflanzen, die vor allem im Winter wichtige Nahrung bieten, und der Anbau von Futtermais. Heute ist im Tiefland die Ringeltaube bei uns außerordentlich häufig und führt die Jagdstrecken des Federwildes an (s.S. 83). Kalte Winter allerdings können den Bestand vorübergehend empfindlich reduzieren. Die Kälteempfindlichkeit der Ringeltaube drückt sich auch darin aus, daß sie im Bergland oder gar im Hochgebirge ausgesprochen spärlich vertreten ist und im Winter alle Gebiete meidet, deren Januartemperaturen im Mittel unter 0 °C sinken.
So gut wie alle europäischen Großstädte sind heute durch verwilderte Haustauben besiedelt, die z.T. zur Lebensweise ihrer Vorfahren, der Felsentaube, zurückgekehrt sind und an Gebäudefassaden und anderen »Kunstfelsen« zum Ärger vieler Stadtverwaltungen in großer Menge brüten. Daneben aber hat sich auch die Ringeltaube in manchen Städten trotz der großen Konkurrenz durch die Straßentauben ansiedeln können. Die »Einwanderung« der Ringeltaube in die Städte von West- und Mitteleuropa geht schon auf die erste Hälfte des vorigen Jahrhunderts zurück. In London werden schon seit 1834, in Paris seit mindestens 1841 Ringeltauben als Stadtvögel gemeldet. In Mitteleuropa scheint vor allem in der Tiefebene von Belgien bis Polen die Anpassung an die Stadt in der 2. Hälfte des 19. Jh. erfolgt zu sein. Längst sind in manchen Gebieten Ringeltauben wie die Haustauben zu Gebäudebrütern geworden. In höheren Lagen und vor allem in waldreichen Landschaften, die ohnehin von der Ringeltaube nicht sehr dicht besiedelt sind, fand die Einwanderung in die Städte wesentlich später statt oder ist sogar überhaupt unterlieben bzw. auf die Vorstädte und die Peripherie beschränkt.
Inzwischen hat sich vielfach noch eine dritte Taubenart, nämlich die Türkentaube, in der Stadt breitgemacht. Das Nebeneinander dreier Taubenarten in unseren Städten wird teilweise durch die unterschiedlichen Nistgewohnheiten geregelt. Haustauben brüten vor allem an Hausfassaden, aber auch im Inneren von Häusern und in tiefen Mauerlöchern, Türkentauben sind nur Fassadenbrüter oder legen ihr Nest auf Bäumen an. Ringeltauben sind vorzugsweise Baumbrüter, wählen aber meist größere Höhen und stärkere Äste als Türkentauben, manchmal sind sie aber auch schon zur Brut an einer Hausfassade übergegangen. So teilen heute in manchen Städten 3 Taubenarten den Lebensraum Stadt unter sich auf.

Gegenseitiges Kraulen oder Gefiederpflege dient bei allen einheimischen Tauben vor allem dazu, die Paarbindung zu festigen. Das viel zitierte »Schnäbeln« der Tauben ist dagegen eine Fütterungsgeste, bei der das Weibchen wie auch die Jungen im Nest seinen Schnabel in den Rachenraum des Männchens steckt.

Türkentaube

Streptopelia decaocto

K Kleiner als Haustaube, schlank und hell. Rücken hellbräunlich bis isabellfarben, Kopf und Unterseite etwas blasser; Brust wirkt weinrötlich überhaucht. Auf dem Nacken ein deutliches, vorne am Hals offenes, schmales, schwarzes Band (daher wird diese Taube oft fälschlich als »Ringeltaube« bezeichnet). Langer Schwanz. ■ Revierruf ein 3silbiges »gu-gúu gu« (Betonung individuell verschieden). Bei Unruhe und Erregung ein heiseres »chrräi« oder ähnlich. Dieses »Heulen« wird manchmal von Anwohnern als sehr lästig empfunden. ■ Sitzt häufig auf Häusern, Fernsehantennen usw.

V Von Vorderasien aus heute über fast ganz Europa verbreitet; fehlt nur im nördlichen Skandinavien, in weiten Teilen Spaniens und auf einigen Mittelmeerinseln. Hat sich in den letzten 50 Jahren gewaltig nach Nordosten ausgebreitet (s. unten). ■ Stand- und Strichvogel, also das ganze Jahr zu beobachten. ■ In Europa fast ausnahmslos ganzjährig in der Nähe menschlicher Siedlungen, in Dörfern und Stadtgebieten, häufig in nächster Nähe des Menschen.

F Flaches, einfaches Nest auf Bäumen oder Sträuchern, heute in manchen Gebieten auch an Häusern. Nistplätze in der Stadt sehr vielseitig. ■ Hauptlegezeit von März/April bis August/September, einzeln kommen aber auch Winterbruten vor. Meist wohl 2–4 Jahresbruten. ■ 2 weiße Eier. ■ ♂ und ♀ brüten etwa 13–14 Tage. Junge bleiben 16–19 Tage im Nest.

N Früchte und Samen von Gräsern, auch grüne Keimlinge und Beeren. Häufig finden sich Türkentauben in großer Zahl in Geflügelhöfen, in Tiergärten oder an Futterplätzen ein (vor allem im Winter).

Die Ausbreitung der Türkentaube über riesige Gebiete Europas innerhalb weniger Jahrzehnte gewissermaßen vor unseren Augen hat in der europäischen Vogelwelt keine Parallele. Die Anfänge der Geschichte allerdings liegen im Dunklen, denn wir können nicht mehr sicher rekonstruieren, wann die asiatische Türkentaube nach Europa kam. Man nimmt an, daß sie möglicherweise von den osmanischen Eroberern nach Südosteuropa mitgebracht und dort aus religiösen Gründen geschützt und gehegt wurde. Im 19. Jahrhundert war die Türkentaube bereits auf der ganzen Balkanhalbinsel verbreitet, hat aber wohl nach dem Rückzug der Türken aus Europa Bestandseinbußen erlitten.
Der Beginn der neuzeitlichen Ausbreitung über Europa, die durch viele Einzelbeobachtungen von Hunderten von Vogelkundigen in allen Ländern verfolgt wurde, ist wohl auf die Jahre 1930/32 anzusetzen. Zu diesem Zeitpunkt waren etwa 192 000 km^2 im Norden der Balkanhalbinsel von der Taube besiedelt. Zur gleichen Zeit, also etwa um 1930, dürfte die erste Türkentaube in Ungarn gebrütet haben, und 10 Jahre später umfaßte das Verbreitungsgebiet bereits 313 000 km^2, nämlich große Teile Ungarns bis zur Grenze

Österreichs und die östliche Tschechoslowakei. Bereits 1948 vergrößerte sich das europäische Siedlungsgebiet der Türkentaube auf 575000 km² und die ersten Vorstöße hatten immerhin die Norddeutsche Tiefebene erreicht. Die erste Beobachtung in der Bundesrepublik gelang 1944; 1945 und 1946 wurden bereits Bruten in Bayern und Niedersachsen festgestellt. Auch in der DDR gab es 1946 schon die erste Brut; 1947 waren die Niederlande erreicht (Bruten seit 1950) und 1948 die Schweiz (Bruten ab 1950/52). 1944 tauchten Türkentauben auch in Italien auf und haben sich 1947 als Brutvogel dort angesiedelt.
Die nächsten Etappen folgten dann Schlag auf Schlag: 1948 Dänemark (Brut ab 1949); 1949 Schweden (Brut ab 1951); Finnland (Brut allerdings erst ab 1966); 1954 Norwegen (Brut ab 1955) und Litauen. Auf den Britischen Inseln siedelten sich Türkentauben als Brutvögel ab 1956 an; die ersten waren schon ein paar Jahre vorher dort gesehen worden. 1956 betrug das in Europa besiedelte Areal bereits 1340000 km². Vorposten existierten damals in Skandinavien, England, Mittelrußland, Sardinien. 8 Jahre später war das Areal schon auf 2240000 km² angewachsen und reichte von den Britischen Inseln und der Normandie bis zum Dnjepr.
1960 gelangten die ersten Vögel nach Spanien, 1963 wurde ein Vorposten in Norwegen sogar nördlich des Polarkreises entdeckt und 1964 erreichte die erste Türkentaube auch Island. Parallel dazu erfolgten Ausweitungen in Rußland und Finnland, so daß 1972 bereits 2950000 km² besiedelt waren. Seit dieser Zeit sind größere Gebietsgewinne durch die Türkentaube nurmehr im Bereich der Sowjetunion erfolgt, 1973 z. B. wurde das Weiße Meer und Moskau erreicht. Über die Länder im Westen des Mittelmeeres drang die Türkentaube schließlich bis Portugal und Südspanien vor. Über Israel ist sie mittlerweile auch in das Nildelta Ägyptens vorgestoßen.

Türkentauben schätzen Zierkoniferen in Gärten und Parks.

Jungtauben haben breite, weiche Schnäbel.

Man darf sich diese Ausbreitung der Türkentaube nicht kontinuierlich vorstellen. Die Besiedlung des neuen Areals erfolgte vielmehr ganz sprunghaft und einzelne Vorposten erschienen bis zu 200 km von der bisherigen Arealgrenze entfernt. Meist wurde aus einzelnen Individuen oder Paaren eine Ansiedlung gegründet. Durch weiteren Zuzug und Vermehrung wuchs dann der Bestand und die Umgebung bzw. übersprungene Lücken wurden allmählich besiedelt, gleichzeitig aber neue Vorposten in Expansionsrichtung ausgesandt.

Wie bei vielen Tierarten, die in einem neuen Lebensraum bei Null anfangen, wächst der Bestand anfänglich

Türkentauben brüten auch an Häusern.

oft nicht linear, sondern nach dem Schneeballsystem, also exponentiell. 1955 betrug z.B. in den Niederlanden 5 Jahre nach der Erstansiedlung der Bestand etwa 100–130 Paare, 1959 waren es 750–1000 und 1963 4000–5300. Auf den Britischen Inseln siedelte sich 1955 ein Paar an; 1964 waren es wahrscheinlich schon etwa 3000 und 1970 bereits 15000–25000 Paare.

Natürlich geht die Entwicklung nicht endlos in diesem Schema weiter. Bei uns, in einem länger besetzten Raum, ist die Bewegung längst verlangsamt bzw. zum Stillstand gekommen. Ja man kann jetzt sogar beobachten, daß vor allem in Gebieten mit harten Wintern und ungünstigen Nahrungsbedingungen der Bestand der Türkentaube wieder etwas zurückgeht und Gebiete geräumt werden, die nicht optimal sind. So pendelt sich also langsam der Bestand der neu eingewanderten Vogelart in Anpassung an die Lebensbedingungen ein. Seit den 70er Jahren hat auch an den Randgebieten das Tempo der Ausbreitung stark abgenommen. Wahrscheinlich ist heute der größte Teil Europas, der für die Türkentaube als Lebensraum in Frage kommt, besiedelt.

Trotz eines großen Beobachtungsmaterials ist nicht ganz klar, wo die Gründe für diese spektakuläre Ausweitung des Brutgebietes der Türkentaube in Europa zu suchen sind. Mit Sicherheit sind mehrere sehr unterschiedliche Faktoren daran beteiligt. Aufallend ist z.B., daß die durch den Menschen geförderte oder vielleicht sogar veranlaßte »Einwanderung« der Türkentaube aus asiatischen Gebieten in die Balkanhalbinsel zunächst nicht zu einer Arealausweitung führte, sondern sogar im Gegenteil ein Rückgang des Bestandes nach dem Abzug der Türken festzustellen war. Möglicherweise hat in den ersten Jahrzehnten unseres Jahrhunderts eine Klimaschwankung den Anstoß zur Ausbreitung gegeben. Sicher förderte die Umgestaltung der mitteleuropäischen Kulturlandschaft, vor allem das Angebot an Nahrung im Bereich ländlicher und auch städtischer Siedlungen, die Ausbreitung. Auffallend war, daß sich die ersten Türkentauben vor allem in der Nähe von Hühnerhöfen und landwirtschaftlichen Anwesen blicken ließen. Auch heute noch halten sich z. B. an Zoologischen Gärten besonders große Schwärme auf, die von den Fütterungen profitieren.

Wichtig scheint aber vor allem auch gewesen zu sein, daß die Türkentaube weiter nach Westen in zunehmend wintermildere Gebiete geriet. Dort war es ihr möglich, ähnlich anderen Tauben (s. S. 89), die Brutzeit zu verlängern. Im Gegensatz zu den asiatischen Brutgebieten werden in Westeuropa heute fast zu allen Jahreszeiten Türkentaubennester gefunden. Bereits im Geburtsjahr, 3–4 Monate nach dem Schlüpfen, können junge Türkentauben wieder zur Brut kommen. Das würde natürlich eine enorme Vermehrung bedeuten.

Sicher aber bringen, wie vor allem die letzten Jahre gezeigt haben, die kalten Winter auch wieder Rückschläge. In diesem Zusammenhang dürfte die Ansiedlung der Türkentaube vor allem im Bereich der Großstädte wieder eine echte Überlebenshilfe bedeuten. Das Stadtklima ist gerade im Winter durch höhere Mitteltemperaturen, geringere Häufigkeit des Schneefalls und Länge der Schneedecke sehr günstig; abgesehen von den vorteilhaften Ernährungsmöglichkeiten, die für Tauben in der Stadt ganz allgemein bestehen.

Wenn man von Tauben in der Stadt spricht, meint man in der Regel verwilderte Haustauben (s. Bild unten). Ihre Ausbreitung ist wohl noch nicht sehr alt – entsprechend der Entwicklung der modernen Großstadt.

Die in fast allen Großstädten heimischen Straßentauben stammen unmittelbar von verwilderten Haustauben ab. Ihre Herkunft ist wie auf unserem Bild an unterschiedlicher Färbung der einzelnen Vögel kenntlich. Der wildlebende Vorfahr der Haustaube ist die Felsentaube, der die Taube knapp rechts über der Bildmitte in der Färbung entspricht.

Turteltaube

Streptopelia turtur

[K] Kleiner als Haustaube, sehr schlank, mehrfarbig. Scheitel und Nacken grau; Schultern und Teile des Flügels rostbraun mit dunklen Flecken; Kehle und Brust zart rötlich überhaucht. An den Halsseiten tragen Altvögel ein auffallendes Abzeichen, das aus mehreren schmalen, schwarzen Querbinden auf weißem Grund besteht. Dieses Zeichen fehlt den Jungvögeln zunächst. Schwanz ziemlich lang, abgestuft, oberseits schwärzlich mit schmalem, schwarzem Endsaum. Im Flug sind die blaubrauen Unterflügel zu erkennen; Hinterende des Körpers unterhalb des Schwanzes weiß. ▪ Der Revierruf besteht aus schnurrenden »turturr«-Lauten (Name!). ▪ Fliegt sehr wendig; beim Auffliegen hört man oft ein Flügelklatschen.

[V] Br. von Süd- und Mitteleuropa bis Zentralasien; Nordafrika. In den Mittelmeerländern besonders häufig. ▪ Bei uns nur in warmen Tiefländern verbreiteter Br.; in waldreichen Gebieten, im Mittel- und Hochgebirge selten oder fehlend. Zugvogel (Ende April bis September/Anfang Oktober); Winterquartier Afrika südlich der Sahara. ▪ Br. der halboffenen Kulturlandschaft in warmen und trockenen Gebieten; Nester vor allem in Gebüschen, Feldgehölzen, Waldrändern und in lichten Waldungen. Nicht selten auch in größeren Gärten, Obstplantagen und Parkanlagen (dort z.T. neuerdings durch die Türkentaube verdrängt).

Junge Turteltauben, fast flügge.

[F] Flaches Nest auf Sträuchern oder Bäumen. ▪ Hauptlegeperiode von Mitte Mai bis Mitte Juli, also sehr spät; in der Mehrzahl wohl 2 Jahresbruten. ▪ 2 weiße Eier. ▪ ♂ und ♀ brüten etwa 13–16 Tage. Junge werden etwa 18–23 Tage im Nest gefüttert, erreichen aber volle Flugfähigkeit erst mit 25–30 Tagen.

[N] Sämereien und trockene Früchte von Wiesenpflanzen.

Als Langstreckenzieher (vgl. Bd. 1, S. 83), dessen Winterquartier im tropischen Afrika liegt, kommt die Turteltaube erst relativ spät im Frühjahr nach Mitteleuropa zurück. Meist liegen die mittleren Erstankunftsdaten vieler Jahre zwischen Anfang und Mitte Mai. Doch dauert z.B. am Mittelmeer der Durchzug der Taube bis in den Juni. Das bedeutet, daß einzelne Turteltauben, die man Ende Mai/Anfang Juni, also scheinbar zur Brutzeit, irgendwo beobachtet, noch lange nicht ein wirkliches Brutvorkommen beweisen. Häufig kommt es sogar vor, daß einzelne Turteltauben oder auch Paare weit umherstreifen und sich wochenlang an Plätzen aufhalten, an denen sie nicht

Turteltaube hudert kleine Junge. Unter Hudern versteht man das Warmhalten kleiner Nestlinge im Bauchgefieder der Altvögel bis die Federn der Jungen gut entwickelt sind.

brüten, und dort sogar auch balzen. Das gilt z. B. für viele Gebiete der Alpentäler und des Alpenvorlandes, aber auch für Skandinavien. Man muß also sorgfältig beobachten, wenn man Brutvorkommen der Turteltaube außerhalb ihres normalen Verbreitungsgebietes wirklich bestätigen will.

Im Mittelmeergebiet ist die Turteltaube nicht nur als Brutvogel sehr weit verbreitet und oft ausgesprochen häufig. Zu den Zugzeiten konzentrieren sich an bestimmten Routen Scharen von Tausenden, die leider auch eifrig beschossen werden. Als wichtigste Durchzugsgebiete mittel- und westeuropäischer Brutvögel gelten die Küstengebiete von Südwesteuropa bis Nordwestafrika. Über diese Route gelangen große Scharen ins tropische Westafrika, z. B. nach Senegal oder Malawi.

Im Osten ist das Niltal ein wichtiger Zugkorridor über das Wüstengebiet, der wohl vor allem asiatische Brutvögel aufnimmt. Auch über Griechenland und Italien wird das Mittelmeer überquert. Der Weiterflug über die Sahara stützt sich vor allem auf die Oasen. Wie außerordentlich anstrengend die Saharaüberquerung auch für größere Vögel mit großem Fettvorrat ist, zeigen Untersuchungen in der Westsahara im Frühjahr. Niedrig ziehende Turteltauben suchen z. B. Schutz vor der Hitze im dürftigen Schatten von Autowracks. Dennoch scheinen die Verluste weit unter 5% zu liegen. Das größte Problem für Turteltauben scheint der Wasserverlust zu sein, während auch bei erschöpften Individuen noch ausreichend Fett vorhanden war.

Ein wichtiger Stützpunkt auf dem Flug über das Meer scheint z. B. die Insel Malta zu sein. Bis zu 20000 Vögel wurden hier schon auf dem Frühjahrszug an einem einzigen Tag registriert. Riesige Konzentrationen bilden sich dann im Winter vor allem in Westafrika. Hier hat man Hunderttausende auf einigen km^2 gezählt und beringte Brutvögel aus Großbritannien, den Niederlanden und Belgien wiedergefunden.

Kuckuck

Cuculus canorus

[K] Kleiner als Taube, langschwänzig. Wirkt im Flug sperberähnlich, hat aber spitze Flügel. Im Sitzen ist der lange, gestufte Schwanz etwas gespreizt; die Flügel hängen leicht herunter. Bei den meisten ist Oberseite und Brust blaugrau gefärbt, die weißliche Unterseite zeigt eine dunkle Querbänderung. Wesentlich seltener sind Vögel mit einer dunkler gebänderten, rostbraunen Oberseite und heller Unterseite mit braunen Querbändern (also auch Kehle gebändert). Diese Farbunterschiede sind kein Geschlechtskennzeichen. Die Jungvögel sind oberseits entweder rotbraun und dunkel gestreift oder dunkler graubraun. Ein deutlicher weißer Nackenfleck und schmale, weiße Federsäume heben sich vom dunklen Untergrund ab. ▪ Reviergesang »kuckuck« des ♂ ist normalerweise 2silbig, kann aber auch 3silbig sein. Bei Erregung rufen die ♂ mehrsilbig und unregelmäßig; häufig geht dem »kuckuck« ein heiseres »hachhachhach« voraus. Von den ♀ hört man zur Brutzeit ein lautes Kichern oder Trillern, das allerdings auch ♂ (selten) hören lassen. Das hohe und durchdringende Betteln der Juv. klingt wie »sriisrii …«.

[V] Br. weit verbreitet in Europa und Asien bis an den Nordrand der Tropen und an die Waldgrenze. ▪ Bei uns verbreiteter Br. in allen Landschaftstypen; fehlt allerdings meist in größeren Städten. Langstreckenzieher (April/Anfang Mai bis August/September). ▪ Vielseitiger Lebensraum; am häufigsten in offenen und halboffenen Landschaften, an Waldrändern usw. In ausgeräumten und intensiv bewirtschafteten Agrarlandschaften heute verschwunden. Das Vorkommen hängt im wesentlichen von geeigneten Wirtsvögeln (s. unten) ab.

[F] Baut kein eigenes Nest, sondern legt seine Eier (je eines) in Nester anderer Arten (Wirtsvögel; s. unten). ▪ Legezeit vor allem Mai/Juni. ▪ Die Eizahl der ♀ ist nicht genau bekannt, kann aber in Einzelfällen über 10 bis fast 20 Eier betragen. Die Färbung der Eier richtet sich z.T. nach jener der Wirtsvögel, doch sind Kuckuckseier keineswegs immer täuschend ähnlich. ▪ Das Junge schlüpft bereits nach 11 bis max. 13 Tagen aus dem Ei und wird 19–24 Tage im Nest von den Wirtseltern gefüttert, aber auch noch nach dem Ausfliegen bis zu 2 Wochen und mehr betreut. Die Altvögel der eigenen Art kümmern sich überhaupt nicht um Ei und Junges.

[N] Insektenfresser; meist Schmetterlingsraupen, darunter auch behaarte, die von anderen Vögeln kaum angenommen werden; ferner Käfer, Heuschrecken und viele andere. ♀ verzehren regelmäßig auch Singvogeleier.

Der Kuckuck ist der einzige Vogel in unserer Fauna, der als Brutparasit auf die Hilfe anderer Vogelarten bei der Aufzucht der Jungen angewiesen ist. In Südeuropa lebt noch eine weitere parasitische Kuckucksart, der Häherkuckuck. Obwohl die merkwürdige Lebensweise des Kukkucks schon lange bekannt ist, sind viele der besonders eindrucksvollen Anpassungen eigentlich erst in letzter Zeit durch intensive Untersuchungen entdeckt worden. Immer noch aber bietet das Leben des Kuckucks manche Rätsel.

Die Nester möglicher Wirtsvögel findet das Weibchen durch Beobachtung. Ein einmal entdecktes, geeignetes Nest wird mehrfach besucht. Wichtig ist, daß der Wirtsvogel selbst noch nicht mit dem Bebrüten des Geleges begonnen hat. Die Eiablage dauert nur wenige Sekunden, gelegentlich lenkt das Männchen Wirtsvögel auf sich ab. Kuckucke werden nämlich von vielen Singvögeln tätlich angegriffen. Das Kuckucksweibchen packt bei der Eiablage häufig ein Ei mit dem Schnabel, um es dann später zu verzehren oder wegzuwerfen. Das hat zu der falschen Annahme geführt, das Kuckucksweibchen würde sein Ei mit dem Schnabel ins Nest praktizieren. Oft werden sogar schon vor der Eiablage einzelne Wirtsvogeleier entfernt, z.B. bei Rohrsängern. Das Eiverzehren hängt möglicherweise damit zusammen, daß das Weibchen auf diese Weise rasch wieder neue Nährstoffe für die eigene Eibildung erhält. Ist einmal ein Ei abgelegt, sucht das Kuckucksweibchen ein neues Nest.

Wirtsvögel für den Kuckuck sollten nicht zu selten und für das Kukkucksweibchen gut auffindbar sein. Boden-, Röhricht-, Busch- und Gebäudebrüter sind daher besonders geeignet. Ferner sollte das Nest zu einer Eiablage geeignet sein (Höhlenbrüter kommen daher kaum in Frage). Entscheidend ist schließlich, daß die Wirtsvogelart relativ unempfindlich gegenüber einem fremden Ei im Nest ist. Schließlich müssen die

Für die Bachstelze ist der rote Rachen des Jungkuckucks ein Fütterungssignal.

Braunes Weibchen nimmt ein Ei des Sumpfrohrsängers.

Das Kuckucksei im Nest des Sumpfrohrsängers ist etwas größer.

Wirtsvogeljungen mit einer Nahrung gefüttert werden, die auch für den jungen Kuckuck geeignet ist.
Eine ganze Reihe von einheimischen Singvogelarten kommt diesen Bedingungen recht nahe. Insgesamt sind Kuckuckseier schon in Nestern von über 100 europäischen Vogelarten gefunden worden. Allerdings ist die Zahl der erfolgreichen Kuckuckswirte sehr viel geringer. Nur bei etwa 45 Arten ist bis jetzt eine erfolgreiche Kuckucksaufzucht beobachtet worden, bei weiteren 23 fand man wenigstens mehr oder minder herangewachsene Nestlinge. Weitverbreitete und häufige Kuckuckswirte sind in Mitteleuropa z.B. Teichrohrsänger, Bachstelze, Rotkehlchen, im Nordwesten vor allem Heckenbraunelle und in den Alpen auch Wasserpieper und Hausrotschwanz. Gebietsweise spielen auch Neuntöter, Grasmücken und Gartenrotschwanz eine wichtige Rolle.
Die Kuckuckseier sind auffallend klein und dickschalig. Ihre Färbung variiert sehr stark; meist ist die Grundfarbe weißlich, gelblich oder grünlich bis dunkelbraun mit einer variablen Fleckung. Manche, z.B. solche, die in die Nester des Gartenrotschwanzes gelegt werden, sind völlig ungefleckt. Ein Weibchen produziert sein Leben lang einen bestimmten Eityp.
Die Entwicklungsdauer des Kuckuckseies ist auffallend kurz. Das

Wenn das Nest zu klein wird, werden Jungkuckucke (hier vom Fitis) noch bis zu 2 Wochen außerhalb von den Pflegeeltern gefüttert. Mit durchdringenden Bettelrufen machen sie auf sich aufmerksam.

Beachte die auffallende Rückengrube des frisch geschlüpften Kuckucks.

Kurz nach dem Schlüpfen stemmt der Jungkuckuck alle Fremdkörper aus dem Nest.

wird wahrscheinlich z. T. dadurch erreicht, daß bereits vor der Eiablage im Körper des Weibchens die Embryionalentwicklung beginnt. Dadurch wird gewährleistet, daß der Kuckuck als erster im Wirtsvogelnest schlüpft. Er braucht diesen Vorsprung vor seinen Stiefgeschwistern, um diese verdrängen zu können.

Bereits im Alter von 8–10 Stunden fängt der blinde Jungkuckuck an, Eier und kleine schon geschlüpfte Nestgeschwister nach oben an den Nestrand zu drängen. Er besitzt auf dem Rücken eine besonders tastempfindliche Grube. Wenn der aus dem Nest zu befördernde Gegenstand hineinfällt, wird er mit den kleinen, nackten Flügelstummeln, die schräg nach oben gehalten werden, festgehalten und ausbalanciert. Dann stemmt sich der Jungkuckuck am Nestrand hoch. Oben angekommen krallt er sich in das Nestmaterial und wirft mit ruckartigen Stoßbewegungen Ei bzw. Junges über den Nestrand hinaus. In spätestens 3–4 Tagen muß die Arbeit erledigt sein, denn für den Kuckuck ist es eine Überlebensfrage, alle Konkurrenten um das Futter, das die Pflegeeltern herbeibringen, beseitigt zu haben. In kurzer Zeit nämlich wächst der Kuckuck so stark, daß er die gesamte Nahrung einer Singvogelbrut benötigt. In der Regel sind Wirtsvogeleltern nämlich sehr viel kleiner.

In der Nahaufnahme wird der Größenunterschied zwischen Pflegeeltern und dem fast flüggen Jungkuckuck besonders deutlich: Der ganze Kopf des fütternden Fitis hätte im aufgerissenem Schnabel Platz.

Schleiereule

Tyto alba

K Größer als Krähe. Helle, langbeinige Eule ohne Ohrfedern, mit auffallend herzförmigem Gesicht und relativ kleinen, schwarzen Augen. Färbung bei einzelnen Individuen unterschiedlich: Unterseite entweder rein weiß oder gelbbraun mit Tropfenflekken, doch nie wie bei anderen Eulen längsgestreift oder quergebändert. Oberseite hell gelbbraun. ■ Rufe schnarchend und kreischend; klangvolle Revierrufe wie bei anderen Eulenarten fehlen. ■ Nachtaktiv; tagsüber nur in ihren Tagesverstecken und am Brutplatz zu sehen (s. unten).

V Br. mit Verbreitungslücken in allen Regionen der Welt; fehlt in der Tundra, in großen Teilen Asiens, in den tropischen Regenwäldern und in den Wüsten. ■ Bei uns im Tiefland verbreiteter Br., vor allem in waldarmen Siedlungsgebieten. In Abhängigkeit vom Nahrungsangebot und von der Härte des Winters starke Bestandsschwankungen; insgesamt gesehen bedroht. Durch Schutzprogramme Hilfe möglich. Standvogel, doch streifen juv. (und ad.) gelegentlich weit umher. ■ Br. in möglichst dunklen und störungsfreien Nischen, auf Kirchtürmen, in Scheunen, Taubenschlägen, Dachböden, Schlössern, Ruinen usw. Jagt vor allem im offenen Gelände am Rande von Siedlungen, entlang von Straßen und Wegen, weniger jedoch am Rand größerer Wälder.

F Nest in einem Mauer- oder Fels-

Schleiereulenbrut in einem von Vogelschützern angefertigten Nistkasten.

loch, auf Dachböden, oder auch in künstlichen Nisträumen; Nestunterlage wird nicht eingetragen, die Eier liegen meist auf einer Schicht alter, zerbissener und zerfallener Gewölle. ■ In Jahren mit gutem Nahrungsangebot (Mäusejahre!) oft 2 (mitunter sogar 3) Jahresbruten; Legebeginn der Erstbrut ab März, der Zweitbrut ab Ende Mai. In Normaljahren Legebeginn ab Ende April, Hauptlegezeit Mai (Zweitbruten sind dann selten). ■ 4–7, selten 1–3, in günstigen Jahren aber auch 9–12 weiße Eier. ■ ♀ brütet allein und wird vom ♂ mit Nahrung versorgt; Brutdauer etwa 30–34 Tage. Die meist sehr unterschiedlich großen Nestlinge werden zunächst vom ♀ mit Futter versorgt, das vom ♂ herbeigeschafft wird. Etwa mit 40 Tagen beginnen die Jungen herumzuwandern und herumzuflattern. Der Nestplatz wird meist später verlassen.

N Hauptsächlich Kleinsäuger; vor allem Feldmaus und andere Mäusearten, aber auch Spitzmäuse als Ersatznahrung. Kleinvögel meist sehr viel weniger als Kleinsäuger. Größtes Beutegewicht etwa 200 g, bevorzugt werden Beutetiere zwischen 5 und 30 g.

Die Schleiereule bietet ein besonders eindrucksvolles Beispiel dafür, wie entscheidend der Bestand eines Beutegreifers durch das Nahrungsangebot reguliert wird. Am Tiefstand der Feldmausvermehrung kann es vorkommen, daß bis zu 60% der Altvögel überhaupt nicht brüten. In Spitzenjahren der Mäusevermehrung führen dagegen über 60% der Brutpaare 2 erfolgreiche Bruten durch. Auf einen lokalen Brutbestand umgerechnet ergaben sich z.B. in Thüringen folgende Unterschiede: 3,2 Eier pro Brutpaar in schlechten, 11,0 Eier pro Brutpaar in sehr günstigen Jahren. Die Zahl der flüggen Jungen schwankte in 14 Jahren zwischen 2,4 und 7 pro Jahr und Paar. Die Vermehrungsrate war also in guten Mäusejahren fast 3mal so hoch. Somit ist nicht immer ein natürlicher Feind nötig, um den Bestand einer Tierart in Anpassung an die Umwelt zu regulieren.

Wühlmäuse zählen zur Grundnahrung.

Auch in ungünstigen Jahren haben die Schleiereulen eine Chance, wenigstens zu einem Teilerfolg zu kommen. Das Gelege wird schon vom 1. Ei an bebrütet, die Jungen schlüpfen daher meist in 2tägigem Abstand. So verteilt sich das Risiko der Ernährung. Bei ungenügender Versorgung verhungern zunächst die kleinsten. Sie werden dann manchmal an die älteren Geschwister verfüttert. Dieses »grausame« Verhalten kann immerhin dazu beitragen, daß eine mehrtägige Ernährungslücke überbrückt wird. Doch auch später kann in sehr schlechten Mäusejahren die Sterblichkeit der Jungvögel im 1. Jahr 100% betragen.

Uhu

Bubo bubo

K Deutlich größer als Bussard; größte einheimische Eule. Massiger Körper mit dickem Kopf, der auffällige Federohren trägt; große orangegelbe Augen. Gefieder braun mit dunklen Längs- und Querzeichnungen; Brust und Bauch heller als Rükken. Im Flug lange, ziemlich breite und abgerundete Flügel; Unterseite hell. ■ Rufe des ♂ tief »buho«. Nicht sehr laut, doch weit zu hören. ♀ ruft höher und deutlicher 2silbig »u-hu«. Zur Balzzeit auch Duettrufe. Vor allem im Herbst und Vorfrühling sind die typischen Uhurufe zu hören. Das ganze Jahr über vom ♀ heiser »chriä«; Warnrufe hart, reiherartig »gräck«. ■ Nacht- und dämmerungsaktiv; tagsüber kaum zu sehen, im Tagesversteck.

V Br. in Nordafrika, Eurasien; ostwärts bis an den Pazifischen Ozean und südwärts bis Indien und Südchina. ■ Bei uns vor allem Br. in den Alpen und Mittelgebirgen; neuerdings Bestandserholung und teilweise Zunahme; in Mittel und Norddeutschland auch kleine Ansiedlungen durch Wiedereinbürgerung. Insgesamt aber noch stark bedroht (vor allem Störung an Brutplätzen, Verkehrsopfer, Drahtleitungen). Standvogel. ■ Jagt in reich gegliederten Landschaften, die auch im Winter ausreichend Nahrung bieten, vorwiegend auch im offenen Land; auch am Wasser. Brutplätze in Felswänden oder Steilhängen mit freiem Anflug; oft auch in der Nähe von Gewässern, Straßen; mitunter auch in Steinbrüchen.

Junguhu in Abwehrstellung.

F Eier werden am Boden, auf einem Felsband oder in einer Felsnische abgelegt; kein eigentlicher Nestbau. ■ Legebeginn meist im März, spätestens ab Mitte April; 1 Jahresbrut. ■ 2–4, selten 5 weiße Eier. ■ ♀ brütet 31–36 Tage. Eier werden in unregelmäßigen, meist etwa 3tägigen Abständen gelegt; ♂ übernimmt die Nahrungsversorgung des brütenden ♀ und auch später der kleinen Jungen. Das ♀ zerteilt die Beute für die Jungen bis zum Alter von etwa 3 Wochen. Mit 5–7 Wochen verlassen die Jungen das Nest, können mit etwa 9 Wochen gut fliegen, aber erst mit über 20 Wochen sicher Beute schlagen.

N Sehr vielseitig; vor allem Säugetiere (Spitzmaus, Feldmaus bis Jungfuchs, Feldhase, Rehkitz) und Vögel (vor allem Drossel- bis knapp Hühnergröße, aber auch kleine Singvögel und andere Eulen, Greifvögel).

Uhupaar in Brutnische. Manche Plätze werden viele Jahr lang benützt.

Amphibien (vor allem Frösche), Fische und große Insekten machen meist nur einen kleinen Anteil der Beute aus.

Vogelarten, die der Mensch durch unmittelbare, lang anhaltende Verfolgung ausgerottet oder an den Rand des Aussterbens gebracht hat, sind vor allem Großvögel, die bei langer individueller Lebensdauer eine geringe jährliche Vermehrungsrate aufweisen. Für sie sind von der Natur keine sogenannten natürlichen Feinde vorgesehen. Das Eingreifen des Menschen muß sich daher verheerend auswirken. In der Regel benötigen Großvögel sehr viel Platz; ihre Bestandsgröße beträgt auch unter ungestörten, natürlichen Bedingungen nur einen Bruchteil jener häufiger Singvögel.
Dies gilt auch für den Uhu, der von der Mitte des 19. Jh. bis etwa in die 30er Jahre einen unaufhaltsamen Bestandsrückgang durchgemacht hat. Ursache hierfür waren lang anhaltende Nachstellung und Verfolgung: Man nahm systematisch die Nestlinge aus, um sie später bei der Hüttenjagd zu verwenden; Brutvögel wurden als »Schädlinge« abgeschossen oder gefangen; viele Gelege wanderten in Eiersammlungen. Man schätzt, daß es um 1935 auf dem Gebiet der heutigen Bundesrepublik nur noch etwa 35–40 Uhupaare gab.
Etwa ab 1970 hat sich nun die Situation zumindest in einigen Teilen Mitteleuropas gewandelt. Dies ist sicher z. T. ein Erfolg jahrzehntelanger Aufklärungsarbeit der Naturschützer, aber auch der systematischen Bewachung vieler Brutplätze. Man kann heute sicher mit über 200 Uhupaaren in der Bundesrepublik rechnen, auch in anderen Ländern Mitteleuropas geht es aufwärts.
Dabei sind die Lebensbedingungen des Uhus keineswegs besser geworden, vielleicht mit Ausnahme der Alpen und einiger abgelegener Mittelgebirge. Doch sind neue Gefahren entstanden: Ein Teil des Nachwuchses verendet vorzeitig an Drahtleitungen oder im Verkehr. Auch werden manche Brutplätze noch zu oft durch Tourismus oder Kletterer gestört. Überwachung des Bestandes und Schutz gefährdeter Brutplätze ist daher immer noch eine wichtige Aufgabe des Uhuschutzes. Dagegen sind kostspielige Wiedereinbürgerungsversuche heute im allgemeinen überflüssig geworden.

Sperlingskauz

Glaucidium passerinum

K Etwa starengroß; kleinste einheimische Eule. Flacher Kopf, kleine Augen mit gelber Iris. Oberseite braun mit vielen weißen Tupfen; Unterseite rahmweiß mit schmalen, dunklen Flecken, die beim sitzenden Vogel Längsstreifen bilden. Schwanz ragt deutlich über die Flügelspitzen hinaus und trägt 5 helle Querbinden. ■ Reviergesang des ♂ eine monotone Folge von hohen »üh«; daneben weichere Lockrufe und eine Rufreihe mit steigender Tonhöhe (»Tonleiter«). ■ Dämmerungs- aber auch tagaktiv. Sitzt mitunter am hellen Tag auf einer Baumspitze. Bei Erregung wird der Schwanz ruckartig vertikal und horizontal ausgeschlagen.

V Br. in der gemäßigten Zone Europas und Asiens. ■ Bei uns verbreiteter Br. der Alpenwälder mit kleineren Vorkommen in höheren Mittelgebirgen; bedroht. Standvogel. ■ Das ganze Jahr über in Nadelwäldern oder Mischwäldern mit reichlichem Nadelholzanteil. Die Wälder müssen reich gegliedert sein und vor allem zur Jagd kleine Freiflächen aufweisen. Kommt in schneereichen Wintern auch einzeln in die Alpentäler herunter.

F Brütet in Spechthöhlen. ■ Legebeginn April bis Anfang Mai; 1 Jahresbrut. ■ 3–7 weiße Eier. ■ ♀ brütet 28–29 Tage; Junge verlassen die Höhle mit 30–34 Tagen, werden aber noch etwa 4 Wochen geführt. ♂ versorgt das brütende ♀ und die Jungen im Nest allein mit Futter.

N Kleine Säugetiere und Vögel; bevorzugtes Beutegewicht 20–40 g. In der Brutzeit hauptsächlich Mäuse und Jungvögel, im Winter überwiegend Kleinvögel des Waldes.

Sperlingskauz in der Bruthöhle (ehemaliges Spechtloch).

Nicht alle Eulen sind reine Nachtvögel. Der Sperlingskauz kann sogar ausgesprochen tagaktiv sein. Im Dunkeln sieht er schlecht. Sein Auge ist allerdings im Vergleich zu den großen Pupillenöffnungen der anderen Eulenarten relativ klein. Im täglichen Aktivitätszyklus des Sperlingskauzes kann man 2 Aktivphasen unterscheiden, nämlich eine am Morgen vor Sonnenaufgang, die andere am Abend von Sonnenuntergang bis in die tiefe Abenddämmerung. In der Brutperiode und zur Zeit der Jungenaufzucht wird die morgendliche Aktivitätsphase oft weit in den Tag hinein verlagert. So kann man z.B. Beuteübergabe an der Bruthöhle in den Vormittagsstunden beobachten. Im Herbst beginnen Sperlingskäuze oft schon am hellen Nachmittag mit der Balz. Die Hauptruhephasen liegen um die Mittagsstunden und um Mitternacht; in den hellen Nächten Skandinaviens fehlt im Sommer allerdings die Nachtpause.

Wie bei sehr vielen in ihrem Aktivitätszyklus untersuchten Vögeln ist die Helligkeit ein wichtiger Zeitgeber für den täglichen Aktivitätsrhythmus. Das bedeutet natürlich auch, daß Bewölkung und Witterung einen erheblichen Einfluß ausüben. Im Labor läßt sich bei konstanten Außenbedingungen freilich zeigen, daß viele der im Freien beobachteten Aktivitätsrhythmen von Vögeln nach einem inneren Programm ablaufen, also auch bei völlig gleichbleibenden Umweltbedingungen. Dann allerdings sind sie oft nicht mehr mit dem tatsächlichen Hell-Dunkelwechsel des Naturtages synchronisiert; die innere Uhr geht nicht mehr genau. Sie muß durch eine Zeitangabe wieder eingestellt werden.

Als Kleinvogeljäger kann der Sperlingskauz blitzschnell angreifen und dabei die Überraschung ausnützen. Im Blitzstart schießt er von seiner Warte und greift einen kleinen Singvogel regelrecht von den Ästen oder schlägt ihn im Salto rückwärts von unten aus der Luft. Zur Brutzeit fallen dem kleinen Kauz auch viele Nestlinge zum Opfer.

Die Kleinvögel des Bergwaldes kennen ihren Feind: Wenn man den Ruf nachpfeift oder vom Tonband abspielt, fangen z.B. Meisen an zu schimpfen und zu zetern und kommen sogar auf die Schallquelle zugeflogen. Diese »Meisenreaktion« hat man schon vielfach dazu benützt, um festzustellen, ob in einem Wald überhaupt Sperlingskäuze vorkommen. Auch auf einen still auf seiner Warte oder im Tagesversteck sitzenden Kauz wird man manchmal durch das Schimpfen und Hassen der Kleinvögel aufmerksam.

Unter »Hassen« versteht man eine recht merkwürdige Verhaltensweise. Vögel versammeln sich um den entdeckten Räuber und lassen häufig typische Rufe hören. Die Funktion des Hassens ist allerdings noch nicht ganz klar.

Auch tagsüber beobachten Sperlingskäuze aufmerksam jede Störung.

Steinkauz

Athene noctua

K Kleiner als Taube, kurzschwänzig, niedrige Stirn und flacher Oberkopf. Oberseite dunkelbraun, dicht weißlich gefleckt und gebändert; Unterseite hell, breit dunkelbraun gestreift. Große gelbe Augen. ■ Ruf oft monoton gereiht »ghu(k)«, leicht nach oben gezogen; auch gellende Rufe wie »kwiau«. Warnruf kurz »kja« u. ä. ■ Dämmerungs- und tagaktiv. Sitzt manchmal auch am hellichten Tag frei auf einer Mauer oder einem Steinhaufen. Knickst bei Erregung.

V Europa und Asien; besonders häufig in warmen Gebieten (Mittelmeerländer!), aber auch in ausgesprochenen Wüstenländern. Ostwärts bis China. ■ Bei uns vor allem Br. im waldfreien Tiefland, meist unter 600 m. Auffällige Bestandsschwankungen, vor allem nach kalten Wintern Rückgänge. Stark bedroht. Standvogel.

F Nest vor allem in Baumhöhlen und alten Kopfbäumen, auch in Nischen und Höhlen an Gebäuden (z. B. Scheunen, Speicher, Einzelgehöfte). Neuerdings Ansiedlung mit Hilfe von Spezialniströhren sehr erfolgreich (s. unten). ■ Legezeit Mitte April bis Mitte Mai, Nachgelege auch später; 1 Jahresbrut. ■ 3–5 (manchmal auch mehr) weiße Eier. ■ ♀ brütet etwa 25–30 Tage allein und wird vom ♂ mit Nahrung versorgt. Junge verlassen die Höhle mit etwa 35 Tagen, sind aber wohl erst mit über 45 Tagen voll flugfähig.

N Vielseitig; vor allem Kleinsäuger und Vögel, ferner kleine Reptilien, Amphibien und regelmäßig viele Insekten, aber auch Regenwürmer und

Steinkauz vor dem Eingang zu einer speziell konstruierten Niströhre.

andere wirbellose Tiere. Der Masse nach sind Mäuse die wichtigsten Beutetiere. Junge werden häufig mit Insekten gefüttert.

Auch beim Steinkauz hat ähnlich wie beim Wanderfalken (S.67) ein modernes Schutzprogramm seine ersten positiven Wirkungen gezeigt. Lebensraumzerstörung, wie Verlust von Nisthöhlen und Tagesverstekken durch Rodung alter Obstbäume und Kopfweiden, Intensivierung der Landbewirtschaftung verbunden mit der Ausräumung unserer Feldflur und der Umwandlung von Grün- in Ackerland, schließlich aber wohl auch Belastung durch Pestizide und vor allem zusätzliche Gefahren durch Verkehr und Verdrahtung der Landschaft, vielleicht auch manchmal Nahrungsmangel durch den Rückgang geeigneter Beutetiere, haben ganz augenscheinlich zu einem starken Rückgang geführt. Dies alles läßt sich leider nicht aufhalten, doch hat man in Landschaften, die heute noch Steinkäuze beherbergen, den Rückgang des Bestandes durch geeignete Schutzmaßnahmen aufhalten können.

Offenbar ist einer der kritischen Faktoren (Minimumfaktor) in manchen Gegenden der Mangel an geeigneten Nistplätzen. Nistkästen der konventionellen Form sind aber beim Steinkauz nicht beliebt. So wurden spezielle Nisthilfen entwickelt, und zwar fast meterlange Röhren oder entsprechende rechteckige Kästen, die an mehr oder minder waagerechten Ästen verankert werden. Mehrere Konstruktionen haben sich bewährt, über die mittlerweile die Vogelschutzverbände mit Konstruktionszeichnungen und Bastelplänen informieren.

Mit der Anfertigung und dem Ausbringen von Nisthilfen auf gut Glück ist es allerdings nicht getan. Solche Aktionen müssen in ein regelrechtes Arbeitsprogramm eingebaut werden. So zählen zu den wichtigsten Empfehlungen, die Niströhren in Gebieten anzubringen, in denen das Vorkommen des Steinkauzes zumindest wahrscheinlich ist. Bevor die Aktion startet, muß vom Eigentümer der Fläche eine Erlaubnis eingeholt werden. Im Herbst werden dann die Niströhren auf geeignete Unterlagen montiert, wobei man darauf achten soll, daß man sie nicht zu tief anbringt und das Einflugloch nicht in die Hauptwindrichtung sieht. Es

Steinkauz an einer natürlichen Bruthöhle.

empfiehlt sich gleich eine größere Anzahl von Röhren zur Auswahl, etwa im Abstand von je 200–400 m, anzubringen. Zur Unterlage der Eier werden Hobelspäne eingelegt. Nach der Brutzeit müssen die Geräte gereinigt und neu mit Hobelspänen beschickt werden.

Zusätzlich kann man als Marderschutz um Bäume eine mindestens 50 cm breite Blechmanschette anbringen, so daß der Marder nicht hochklettern kann. Solche Manschetten sind wirkungslos, wenn die Bäume so dicht stehen, daß der Marder von einem auf den anderen springen kann.

Waldkauz

Strix aluco

K Kleiner als Bussard; gedrungene Gestalt mit rundem Kopf ohne Federohren. Die rindenähnliche Färbung kann verschieden sein; es gibt ausgesprochen braune bis graue Waldkäuze; Unterseite heller. Ober- und Unterseite mit kräftiger dunkler Längsstreifung und schwächeren Querstreifen. Im Flug gedrungener und plumper als Waldohreule. ▪ Der Reviergesang des ♂ ist vor allem von September bis November und im frühen Frühjahr zu hören; er klingt heulend »húu-hu-uuuuu«. ♀ (seltener ♂) rufen lauf und schrill »kuit«. Waldkauzstimmen sind weit zu hören und werden in Filmen oft zur Untermalung einer Nachtstimmung verwendet. ▪ Dämmerungs- und nachtaktiv; manchmal kann man die Käuze in einem hohen Baum im Tagesversteck entdecken.

V Europa bis Westsibirien und Iran sowie in Südostasien bis einschließlich Korea, China und Taiwan. ▪ Bei uns weit verbreitet vom Tiefland bis in den Bergwald; fehlt nur in baumarmen Küstengebieten. Neben der Waldohreule die verbreitetste einheimische Eule. Standvogel. ▪ Br. in reich strukturierten Landschaften, in denen Wälder und Baumgruppen (Brutplätze) mit offenen Flächen (Jagdgebiete) abwechseln, z.B. in lichten und lückigen Altholzbeständen, in Laub- und Mischwäldern, aber auch in Parkanlagen, Friedhöfen und Alleen und Gärten mit altem Baumbestand. Als Br. häufig auch mitten in Großstädten.

F Höhlenbrüter; vor allem in Höhlen, aber auch in Mauerlöchern, Felshöhlen, Dachböden. Geeignete Nistkästen werden gerne angenommen. ▪ Hauptlegezeit bei uns März, mitunter schon ab Februar; 1 Jahresbrut. ▪ Gelege 2–6 (9), meist 3–5 weiße Eier. ▪ ♀ brütet etwa 30 Tage. Mit 30–35 Tagen verlassen die Jungen noch nicht flugfähig das Nest und sitzen dann auf den Ästen der Umgebung. Sie sind erst mit etwa 7 Wochen flugfähig und werden erst nach 2½ Monaten selbständig.

N Vielseitig; Kleinsäuger (vor allem Mäuse); weniger zahlreich Vögel und auch Amphibien. Größte Säugetiere wiegen 300–500 g (Ratte, Hamster, Eichhörnchen), Vögel werden bis Taubengröße geschlagen. Die meisten Beutetiere wiegen aber weniger als 100 g. Regenwürmer und Insekten spielen untergeordnete Rolle.

Bei Eulen ist es üblich, daß die Jungen das Nest bzw. die Bruthöhlen verlassen bevor sie fliegen können. So klettern die jungen Waldkäuze schon etwa mit 4 Wochen aus der Höhle; nicht selten landen sie bei ihrem ersten Ausflug auf dem Boden. An Zweigen oder auch an rauher Rinde können sie wieder emporklettern, hüpfen auch von Ast zu Ast und bleiben dann in einem sicher erscheinenden Versteck ruhig sitzen. Bis zu 2 Monate füttern die Eltern die Jungeulen bis sie flügge werden. Solche »Ästlinge« werden vor allem bei Waldkauz und Waldohreule nicht selten von Spaziergängern entdeckt und dann voller Mitleid nach Hause genommen. »Aus dem Nest gefallene« Eulen sollte man an Ort und

Stelle belassen; hat sich ein Ästling einen recht ungünstigen oder gefährlichen Platz ausgesucht, kann man ihn ohne weiteres an eine geschützte Stelle setzen. Die Altvögel füttern das Junge, auch wenn es von Menschenhand berührt wurde.

Die Analyse von Gewöllen gibt einen recht guten Aufschluß über die Ernährung der meisten Eulen. Als Gewölle bezeichnet man Speiballen, die von den Eulen (aber auch Greifvögeln, Fischjägern und vielen insektenverzehrenden Singvögeln) regelmäßig herausgewürgt werden (s. S.10). Sie enthalten unverdauliche Bestandteile der Nahrung, also Knochen, Federn, Haare oder bei Insekten harte Chitinteile. Insbesondere die Knochenreste (aber auch z.B. die Ohrsteinchen bei Fischen) und harte Mundwerkzeuge bei Insekten gestatten, die Beutetiere zu bestimmen. Freilich ist dies oft ohne ausreichende Vergleichssammlung nicht möglich. Am günstigsten liegen die Verhältnisse bei den Kleinsäugern, da hier vor allem das Gebiß Aufschluß über die einzelnen Arten gibt.

Seit den Pionierarbeiten des deutschen Ornithologen Uttendörfer, der bereits 1939 ein dickes Buch über die Ernährung der Greifvögel und Eulen veröffentlichte, sind viele Hunderte von Untersuchungen zur Ernährung der Eulen in allen Teilen der Welt durchgeführt worden. Die Analyse von Gewöllen spielt dabei die Hauptrolle, ergänzt durch das sorgfältige Aufsammeln von Nahrungsresten an den Schlafbäumen oder Brutplätzen. Solche Nahrungslisten dürfen aber nicht überbewertet werden, da sie durch verschiedene Umstände nicht genau sind. Beim Waldkauz hat man herausgefunden, daß die Knochen kleiner Mäuse z.T. ganz verdaut werden, und vor allem auch, daß zu verschiedenen Jahreszeiten die Verdauung der Knochenreste unterschiedlich stark ist. Jungeulen verdauen Knochen der Kleinsäuger oft bis zu über 50%, Altvögel dagegen nur zu 30–40%. So entstehen selbstverständlich Fehler. Gleichwohl ist die Gewölleanalyse z.B. beim Waldkauz, der Waldohreule oder der Schleiereule der wichtigste Beitrag zur Ernährungsforschung der Eulen.

Die großen Augen des Waldkauzes können auch mit geringen Lichtmengen auskommen.

Waldkauz-Ästling der bräunlichen Form.

Von den Gewölleanalysen profitiert nicht nur die Vogelkunde, sondern auch die Erforschung der Häufigkeit und Verbreitung der Kleinsäuger, die man ja nicht ohne weiteres beobachten kann. Berühmt geworden durch langjährige Untersuchungen sind die Waldkäuze von Westberlin. Ein Leben lang hat V. Wendland Greifvögel und Eulen beobachtet. Nicht weniger als 28 Jahre widmete er »seinen« Berliner Waldkäuzen. 43535 Kleinsäuger hat er aus den Gewöllen von Waldkäuzen, aber auch einigen Waldohreulen und Schleiereulen herauspräpariert. Mit Hilfe dieser großen Untersuchungsreihe konnte er u.a. nachweisen, daß 3 häufige Mäusearten regelmäßige Schwankungen in ihrem Bestand zeigen. Die Gipfel der Massenvermehrung liegen aber jeweils verschieden: Bei der Erdmaus ergaben sich regelmäßige Abstände von 5, bei der nahe verwandten Feldmaus von 4 und bei der Gelbhausmaus von 3 Jahren. Auch die Rötelmaus zeigte regelmäßige Schwankungen.

Die Waldkäuze können sich nun unterschiedlich gut auf diese Schwankungen im Angebot wichtiger Beutetiere einrichten, je nach dem Lebensraum, in dem sie zu Hause sind. Viel weniger von Mäusen abhängig waren die Waldkäuze im Stadtgebiet (Parks, Anlagen, Gärten). Einen wesentlichen Teil der Nahrung machten nämlich hier Vögel aus, z.B. Haussperling 22%, Grünling 12% und dann erst Waldmäuse 11% bzw. Feldmäuse knapp 7% (berechnet nach dem Gewicht). 50% des gesamten Nahrungsgewichtes werden also hier von 4 Beutetieren gestellt. Nimmt man noch Feldsperling, Ratte und Amsel dazu, dann hat man bereits ¾ der Gesamtnahrung im Stadtgebiet Berlins lebender Waldkäuze. Ganz anders dagegen bei den echten »Wald«käuzen, die außerhalb des bebauten Geländes (z.B. Grunewald) zu Hause sind. 7 Kleintierarten sind hier nötig, um 50% des Beutegewichts zu erreichen, nämlich Waldmaus (29%), Kohlmeise (7%), Feldmaus (4%) und dann Blaumeise, Rötelmaus, Grünling und Feldsperling (je 2–4%). Noch weitere 5 Kleintierarten müssen dazukommen, um ¾ der Gesamtnahrung zu erreichen. Die im Wald lebenden Käuze müssen also vielseitiger jagen.

Die Stadtpopulation, die zu rund 70% von Vögeln lebt (die bei der Waldpopulation nur 24–30% ausmachen), hatte ganz offensichtlich mit diesem einseitigen, aber sehr ergiebigem Nahrungsangebot das bessere Los gezogen. Die »Stadt«käuze konnten vielfach um 2 Monate früher mit dem Brüten beginnen und hatten 3,3 Junge pro erfolgreich brütendem Paar gegenüber nur 2,1 Jungen bei den Waldbewohnern. Offensichtlich begünstigen auch die Jagdmöglichkeiten das Leben der Stadtkäuze, denn viele offene Parks, Grünanlagen und Höfe kommen der Jagdweise entgegen.

Natürlich variiert die Nahrung des Waldkauzes auch mit den Jahreszeiten. Dies hat man vor allem in Oxford/England und in den Niederlanden untersucht. In England war z.B. im Juli/August der Anteil der Mäuse am niedrigsten, von November bis Februar am höchsten. Als Sommernahrung spielen in England besonders Kaninchen und Wanderratten eine große Rolle. Auch in den Niederlanden konnte in Einzelbeispielen eine Abnahme des Mäuseanteils im Hochsommer beobachtet werden. Hier wurde der Fehlbedarf vor allem durch Vögel und Ratten ersetzt.

Die wahrscheinliche Ursache der Abnahme der Mäuse im Hochsommer ist die zunehmend höher werdende Vegetationsschicht, die es dem Waldkauz nicht mehr so leicht macht, an Mäuse heranzukommen.

Waldkauz in seinem Tagesruheplatz. Der hier abgebildete Vogel zählt zu den ausgesprochen bräunlichen Färbungstypen (vgl. die Abb. rechts oben).

Altvogel an einer natürlichen Bruthöhle (angefaulter Astabbruch). Dieser Vogel verkörpert mehr den rindengrauen Färbungstyp. Die Färbungen haben nichts mit Alter und Geschlecht zu tun.

Auch hier sind natürlich die Stadtkäuze von Berlin im Vorteil, deren Vogeljagd zu dieser Jahreszeit sicher nicht von der Vegetation beeinträchtigt wird. Ganz im Gegenteil: Im Hoch- und Spätsommer gibt es viele ungeschickte Jungvögel, die auch dem Waldkauz leicht zum Opfer fallen.

Diese wenigen Untersuchungen aus der Fülle des von Wissenschaftlern vorgelegten Materials deuten auch an, daß man Nahrungslisten, wie sie so oft in Büchern zu finden sind, vorsichtig interpretieren muß und immer die Zusammenhänge mit der Umwelt beachten sollte. Es ist daher auch ganz unsinnig, aus Beutelisten ohne nähere Angaben gleich die Schädlichkeit oder Nützlichkeit eines Greifvogels oder einer Eule zu folgern (s. auch S. 105).

Waldohreule

Asio otus

K Etwa krähengroß, schlank; lange Federohren (die aber niedergelegt und daher kaum sichtbar sein können); viel schlanker als Waldkauz; Augen mit orangefarbener Iris. Oberseite dunkelbraun, rindenähnlich marmoriert; Unterseite rostgelblich mit kräftigen, dunklen Längsstreifen und feiner Querbänderung. ▪ Reviergesang des ♂ leise, monoton gereihte »huh«. Warnrufe schrill »uäk«. Als Ästlinge machen sich die Jungen durch ein hohes klagendes Fiepen bemerkbar, das oft die ganze Nacht in regelmäßigen Abständen von 5–10 Sekunden zu hören ist. ▪ Dämmerungs- und nachtaktiv; am Tag in den Tagesverstecken in Bäumen (meist nahe am Stamm) sitzend, schwer zu entdecken.

V Br. von Europa bis Ostasien und in Nordamerika. ▪ Bei uns weit verbreitet und neben dem Waldkauz in der Tiefebene die verbreitetste Eulenart. Je nach Nahrungsangebot (Mäuse!) starke Bestandsschwankungen. Stand- und Strichvögel; Junge ziehen im ersten Lebensjahr mitunter weiter weg. ▪ Jagt vorwiegend im offenen Gelände. Br. in kleinen Baumgruppen, Feldgehölzen, Windschutzstreifen, auch in Einzelbäumen, seltener in Parklandschaften und vor allem an Waldrändern. Fehlt im Inneren dichter geschlossener Wälder.

Waldohreulenbrut in einem Krähennest; die Beute ist eine Wühlmaus.

F Gelege in Horsten von Rabenkrähen und Elstern, aber auch Greifvögeln, Tauben und in Eichhörnchenkobeln. ▪ Legebeginn bei günstigem Nahrungsangebot schon ab Anfang März, oft aber erst im April; 1 Jahresbrut. Bei schlechter Nahrungslage fällt die Brut ganz aus. ▪ Meist 4–5, in günstigen Jahren aber auch 6–8 weiße Eier. ▪ ♀ brütet 27–28 Tage; Junge oft verschieden weit entwickelt. ♂ versorgt ♀ und kleine Jungen mit Futter; ♀ zerteilt die Beute. Mit etwa 20 Tagen verlassen die Jungen noch nicht flugfähig das Nest und turnen in den Zweigen herum; voll flugfähig aber erst ab 33–35 Tage. Die Bettelrufe in Nestnähe kann man dann noch fast 2 Monate lang hören.

Ehemalige Krähen- und Elsternnester sind eine wichtige Voraussetzung für die Brut der Waldohreule. Doch Krähen und Elstern werden traditionsgemäß immer noch als »Schädlinge« verfolgt. Nach einer alten Jagdpraxis, die leider auch heute noch nicht ganz ausgestorben ist, schießt man zu Beginn der Brutzeit brütende Krähen »aus dem Horst«. Natürlich wird geraten, zuerst zu prüfen, ob eine Waldohreule im Horst sitzt oder nicht. Doch das Ausschießen kostet noch manchem Nachmieter eines Krähen- oder Elsternnestes das Leben.

Im Winter verlassen die Waldohreulen oft ihre angestammten Verstecke. Sie tauchen dann zuweilen mitten in der Großstadt auf und erregen beträchtliches Aufsehen unter der Bevölkerung. Vor allem in besonders harten Wintern bilden sich regelmäßige Wintersammelplätze, die bis über 30 Eulen umfassen können. Der Einzelgänger Waldohreule gibt also unter dem Druck der Verhältnisse seine Zurückhaltung auf. Solche winterlichen Tageseinstände sind häufig auf Friedhöfen, in Gärten, aber auch

Waldohreule am winterlichen Tagesrastplatz, den man sogar in Städten finden kann.

auf Alleebäumen anzutreffen. Die Eulen sitzen im dürren Geäst ruhig da und gehen dann bei Dämmerung auf Jagd. Wahrscheinlich bietet ihnen, ähnlich wie dem Waldkauz (S. 112), die Stadt mit ihren vielen Kleinvögeln eine günstige Möglichkeit auch harte Winter zu überdauern. Im kalten Winter 1978/79 haben z. B. die Ornithologen des Bezirkes Leipzig nicht weniger als 48 solcher Überwinterungsplätze feststellen können, an denen insgesamt über 1000 Eulen in Gruppen bis zu 50 Individuen z. T. wochenlang den Winter überdauerten. Einige solcher Überwinterungsplätze werden Jahr für Jahr aufgesucht.

Einzelne mitteleuropäische Waldohreulen wandern bis Frankreich und Spanien. Umsiedlungen bzw. Auswanderungen über 2000 km nach Osten in die UdSSR haben sich ebenfalls mit Ringfunden nachweisen lassen. Mitteleuropäische Wintergäste stammen teilweise aus einem Einzugsbereich, der bis über 2400 km nach Nordosten reicht.

Sumpfohreule

Asio flammeus

K Sehr ähnlich Waldohreule, aber mit sehr kurzen, meist nicht sichtbaren Federohren. Färbung im allgemeinen heller; im Gesicht ist die dunkle Augenumrahmung auffällig. Augen im Unterschied zur Waldohreule mit blaß schwefelgelber Iris. ■ Reviergesang des ♂ im Fliegen oder Sitzen eine leicht ansteigende Reihe, wie »bububu ...«. Das ♂ fliegt zur Balzzeit in seinem Revier im Imponierflug, bei dem die Flügel unter dem Bauch in rascher Folge klatschend zusammengeschlagen werden. ■ Dämmerungs- aber auch ausgesprochen tagaktiv.

V Br. in vielen Teilen der Welt, z.B. Süd-, Mittel- und Nordamerika, Eurasien. ■ Bei uns fast überall nur sehr ur. Br. in Abhängigkeit vom Mäuseangebot. Manchmal ausgesprochene Invasionen und dann Vorkommen in Gebieten, in denen jahrelang keine beobachtet wurden. Br. nur im Tiefland; stark bedroht. Zug- und Strichvogel, der im Tiefland auch in den Wintermonaten zu beobachten ist. ■ Brütet und jagt in offenen Landschaften mit niedriger, doch deckungsreicher Vegetation; z.B. Moore, Verlandungsgürtel, Naßwiesen, Dünen, Brachland.

F Nest ist flache Bodenmulde mit wenig eingetragenem Material. ■ Legebeginn meist ab Anfang April; 1 Jahresbrut (Zweitbruten kommen vor). ■ (4) 7–10 weiße Eier. ■ Brutdauer 24–28 Tage; Brüten und Hudern durch das ♀; ♂ schafft Nahrung herbei. Junge meist unterschiedlich weit entwickelt; die ersten verlassen nach 15–17, die letzten

Sumpfohreulen trifft man am ehesten in Mooren und Feuchtwiesen.

etwa nach 22 Tagen das Nest, sind aber zu diesem Zeitpunkt noch lange nicht flugfähig und werden von den Eltern noch versorgt.

N Hauptsächlich Wühlmäuse, daneben auch andere Kleintiere.

Die Sumpfohreule, mehr ein Vogel des Nordens, richtet ihre Wanderungen nach dem Nahrungsangebot aus. Dies tun viele nordische Greifvögel und Eulen, auch solche, die bei uns in Mitteleuropa Standvögel sind. So beobachtet man z.B. in Skandinavien, aber auch manchmal bis in den Ostseeraum, regelrechte Invasionen von Sperlingskäuzen, Rauhfußkäuzen, Schneeeulen und vor allem auch von Sumpfohreulen. Wenn das Nahrungsangebot auch im Winterhalbjahr sehr gut ist, streifen Sumpfohreulen gelegentlich gar nicht weit umher und sind ähnlich reviertreu wie z.B. unsere Waldohreulen. Ihr eigentliches Überwinterungsgebiet aber reicht vom Norden Mitteleuropas bis in das Mittelmeergebiet.

Finden die Eulen auf ihrer Wanderung ein Gebiet mit ausreichendem Angebot an Wühlmäusen, bleiben sie oft wochenlang, ja sogar den ganzen Winter über da. So können sich selbst tief im Binnenland in Gegenden, in denen jahrelang keine Sumpfohreulen zu beobachten waren, plötzlich in einem Winter Ansammlungen bis zu 20 Sumpfohreulen bilden. In besonders mäusereichen Jahren hat man in der Norddeutschen Tiefebene oder in den Niederlanden sogar schon Hunderte an einem Platz für längere Zeit beobachten können. Solche Invasionen der Sumpfohreulen zeigen also immer ein starkes Feldmausjahr an. In besonders günstigen Jahren kann es dann dazu kommen, daß einige der überwinternden und rastenden Sumpfohreulen zurückbleiben und mit einer Brut beginnen.

Sumpfohreulen sind auch tagaktiv.

Sumpfohreule am Brutplatz.

Leider sind aber Sumpfohreulenbruten im mitteleuropäischen Binnenland inzwischen zu einer großen Rarität geworden, weil offene und ungestörte, moorige Flächen kaum mehr zur Verfügung stehen. Noch bis in die 70er Jahre hinein konnten sich z.B. in Süddeutschland Sumpfohreulenansiedlungen über mehrere Jahre hinweg halten. Normalerweise verlassen die durchziehenden und überwinternden Tiere etwa im Laufe des März, seltener etwas später, die mitteleuropäischen Gebiete, in denen sie nicht brüten können.

Rauhfußkauz

Aegolius funereus

K Etwa so groß wie Steinkauz; Gestalt ähnelt einem kleinen Waldkauz. Aufrechte Haltung, großer runder Kopf. Oberseite graubraun; Stirn und Gesichtsbegrenzung mit feinen, die übrige Oberseite mit kräftigen, weißen, runden Flecken besetzt. Unterseite weiß, nur sehr schwach längsgestreift. Die Füße sind kurz und beim Sitzen kaum zu sehen, da sie in der lockeren Bauchbefiederung verschwinden. Zehen dicht befiedert. Juv. fast einfarbig kaffeebraun mit auffälligen weißen Augenbrauen und Bartstreifen; Schulterfedern, Flügel und Schwanz weiß getupft. ■ Der Reviergesang des ♂ ist ein melodiöses »hu-hu-hu-hu ...«. Die Strophe beginnt meistens leise und wird gegen Ende zu lauter. Vor allem unverpaarte ♂ singen oft die ganze Nacht, wobei je nach Erregungsgrad die einzelnen Laute unterschiedlich schnell aufeinander folgen. Warnruf schnalzend »zjuck«. ■ Ausgesprochen nachtaktiv.

V Zirkumpolar; in den nördlichen Bereichen von Eurasien und Nordamerika; südwärts bis Mitteleuropa, Zentralasien und China; im Süden aber meist ± isolierte Gebirgsvorkommen. ■ Bei uns Br. in Gebieten, in denen die Fichte natürlicherweise vorkommt (fehlt also in vielen angepflanzten Fichtenforsten des Tieflandes); vor allem in den Alpen und Mittelgebirgen sowie deren Vorländer. In Norddeutschland oft schon ab 300 m, in den Alpen nur ausnahmsweise unter 1000 m. Potentiell bedroht. Stand- (seltener Strich-) vogel. ■ Br. in großen, reich strukturierten Nadelwäldern, die ein gutes Höhlenangebot aufweisen. Bei entsprechendem Angebot von Nistkästen auch in einförmigen Fichtenbeständen.

Rauhfußkäuze sehen bei verdächtigen Geräuschen aufmerksam aus der Bruthöhle.

F Nesthöhle im Waldesinneren; fast ausschließlich alte Schwarzspechthöhlen; auch in Nistkästen. ■ Legebeginn bei milder Witterung ab Anfang März, sonst Ende März bis Anfang Mai; je nach Nahrungsangebot in einzelnen Jahren sehr unterschiedlich. 1 Jahresbrut (in günstigen Fällen 2). ■ 2–8 (10), meist 3–6 weiße Eier. ■ ♀ brütet allein; Brutdauer etwa 26–29 Tage; am Anfang schafft ♂ allein die Beute herbei. Junge sitzen mit 27–28 Tagen am Flugloch und fliegen nach meist mehr als 30 Tagen aus. Sie werden noch mehrere Wochen von den Eltern geführt.

N Kleinsäuger und Vögel bis etwa Drosselgröße. Zur Brutzeit vor allem Mäuse.

Über die Leistungen von Auge und Gehör der Eulen bestehen meist abenteuerliche Vorstellungen. Allerdings werden manchmal auch die kühnsten Erwartungen von der Wirklichkeit übertroffen. Für außerordentliche Gehörleistungen sind vor allem Rauhfußkauz und Schleiereule berühmt geworden. Sie können allein mit dem Ohr den Ort ihrer Beute so exakt feststellen, daß der Fangerfolg sicher ist. Ein Rauhfußkauz ist z.B. in der Lage, bis auf 23 m eine Maus präzise auszumachen und anzupeilen. Während des Gesanges kann er eine Maus sogar noch auf 60 m Entfernung akustisch wahrnehmen.

Verschiedene Umstände arbeiten bei diesem erstaunlichen Richtungshören zusammen. Einmal sind die beiden Ohröffnungen asymmetrisch im Kopf untergebracht. Dadurch werden Unterschiede in der Schallregistrierung an der linken und rechten Seite erzielt. Diese Unterschiede helfen, die Richtung zu finden. Die das Gesicht umrahmenden Federn, der sogenannte Schleier, können als Schallreflektor scheibenförmig aufgestellt werden. Dadurch werden die Schallwellen im Brennpunkt gebündelt. Schließlich führt auch der breite Kopf Fixierbewegungen durch. Durch das Kopfdrehen wird das Gehörorgan so eingestellt, daß die Zeitunterschiede beim Eintreffen der Schallwellen an den Gehöröffnungen möglichst groß sind und dadurch eine Information über die Richtung der Schallquelle gewonnen werden kann.

Die Schallokalisation der Beute, die bei Eulen auch während des Fluges möglich ist, kann natürlich nur dann arbeiten, wenn die Geräusche, die vom Beutetier ausgehen, nicht durch das eigene Fluggeräusch übertönt werden. Der Bau der Schwung- und Steuerfedern, aber auch des Körpergefieders der Eulen ist geräuschdämmend angelegt; die Federn sind besonders weich. Beim Rauhfußkauz haben zudem die 3 äußersten Handschwingen an der Außenfahne eine regelrechte Sägekante, die dazu beiträgt, das unvermeidliche Fluggeräusch beim raschen Stoß auf die Beute zu dämpfen.

Das Beutetier wird vom lautlosen Flug der Eule überrascht. Von der Warte aus stürzt der Rauhfußkauz mit ein paar kräftigen Flügelschlägen zu Boden und packt mit zurückgezogenem Kopf, nach vorne gestreckten Beinen und geschlossenen Augen zu. Doch hat auch das Beutetier eine

Ästlinge tragen dunkle Dunen.

Chance, denn bis es zum erfolgreichen Stoß kommt, muß der Kauz viel Energie investieren. Etwa 2 Minuten harrt er auf einer geeigneten Warte aus, um dann die nächste anzufliegen. Bei sehr gutem Beuteangebot kann im Durchschnitt bei 9 Wartenanflügen mit einem erfolgreichen Beutestoß gerechnet werden. In schlechten Mäusejahren sind dazu aber über 120 Wechsel einer Sitzwarte nötig!

Ziegenmelker

Caprimulgus europaeus

K Rindenfarbiger, schlanker und langflügeliger Vogel, den man aber selten sieht, da er erst bei der Dämmerung aktiv wird. Grundfarbe graubraun, dicht dunkelbraun und gelblich gesprenkelt und gebändert; hervorragende Anpassung an den Untergrund. Flacher großer Kopf mit kurzem Schnabel. ♂ mit weißen Flecken nahe der Flügelspitze und an den äußeren Schwanzfedern. ■ Balzstrophe des ♂ in der Abenddämmerung ein lang anhaltendes Schnurren; Flugruf »ku-ik« u. ä. ■ Sitzt tagsüber meist gut getarnt auf dem Boden oder auf einem Ast (in Längsrichtung!). Hastiger und gewandter Flug. Bei der Balz und im Brutrevier auch Flügelklatschen des ♂.

V Br. in Nordafrika, Europa (fehlt im nördlichen Skandinavien), Vorder- und Zentralasien. ■ Bei uns nur im trockenen, warmen Tiefland, stellenweise im Mittelgebirge; stark bedroht. Langstreckenzieher; Winterquartier im tropischen Afrika (Ende April/Anfang Mai bis September/Anfang Oktober). ■ Br. in warmen, trokkenen Gegenden, z. B. Kiefernwäldern, trockene Heiden, Dünengebiete usw. Bei uns in erster Linie auf Kahlschlägen oder in Lichtungen der Kiefernwälder.

F Nest wird nicht gebaut; Eier werden auf einem von hoher Vegetation freien Platz abgelegt. ■ Legezeit Ende Mai bis Juli; normalerweise 1 Jahresbrut. ■ 2 Eier; Grundfarbe hell, mit vielen Flecken versehen. ■ Hauptsächlich ♀ brütet 16–21 Tage; Nestlingsdauer 17 Tage.

N Fliegende, nachtaktive Insekten, von kleinen Mücken bis hin zu großen Nachtschmetterlingen und Käfern.

Da Ziegenmelker dämmerungs- und nachtaktiv sind, bekommt man sie selten zu Gesicht! Außerdem sind sie durch ihr Gefieder und Verhalten hervorragend getarnt. Das wichtigste Hilfsmittel, besetzte Brutreviere festzustellen, ist daher vor allem die Balz des Männchens. Auf einer Singwarte, einem Baumast oder einer erhöh-

Sonagramm des Balzgesanges eines Ziegenmelkers.

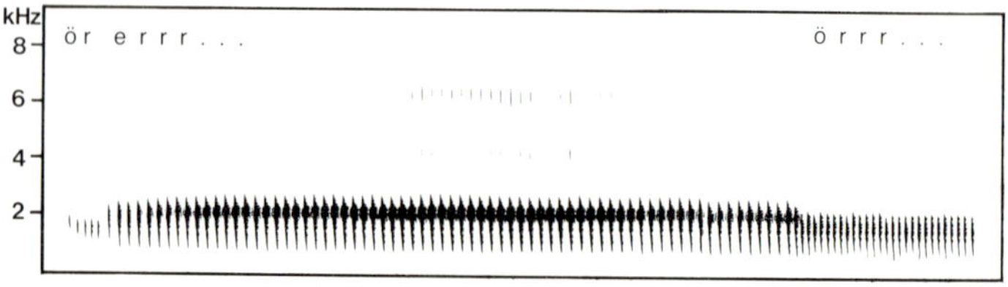

ten Stelle auf einer Waldlichtung, läßt es ein anhaltendes Schnurren hören. Einzelne Strophen können bis zu 9 Minuten dauern, das Schnurren hält mitunter bis über eine Stunde an. Meist kann man dabei verschiedene Tonhöhen und auch eine Zu- und Abnahme der Lautstärke wahrnehmen, so daß der Gesang etwa wie »errr-örrr-errr …« wiederzugeben ist.

Erst etwa Ende Mai erreicht die Balz des Ziegenmelkers ihren Höhepunkt, vor allem in windstillen und milden Nächten. Allerdings können in Mitteleuropa bis Ende Mai/Anfang Juni auch Durchzügler vorübergehend Reviere besetzen und den Balzgesang hören lassen, so daß man noch bis in den Juni hinein aufmerksam kontrollieren muß, um wirklich sicher gehen zu können, besetzte Ziegenmelkerreviere vor sich zu haben. Lassen sich Weibchen sehen, wird das Schnurren eingestellt, und die Männchen fliegen mit Rufen und auffallendem Flügelklatschen von der Singwarte. Dabei wird ein Stück gleitend mit hochgestellten Flügeln und gespreiztem Schwanz zurückgelegt, so daß die weißen Abzeichen in der tiefen Dämmerung aufleuchten. Trotz dieses auffallenden akustischen Verhaltens am Brutplatz wird der Ziegenmelker oft übersehen.

Männchen mit den weißen Abzeichen.

Fest steht allerdings, daß der Bestand in vielen Teilen Mitteleuropas rückläufig ist. Ursache sind Lebensraumzerstörung durch Veränderungen in der Forstwirtschaft oder durch Umwandlung von Kiefernheide in landwirtschaftlich genutztes Land, aber auch Beunruhigung.

Perfekte Tarnung: Der Vogel gleicht einem Holzstück.

Mauersegler

Apus apus

K Figur ähnlich Schwalbe, doch größer; mit langen, sichelförmigen Flügeln und kurzem, gegabeltem Schwanz. Unterseite dunkel (nur Kehle aufgehellt). ▪ Häufig zu hören sind hohe, schrille Rufe wie »sirr« oder »srih« u.ä. ▪ Reißender Flug mit raschen Flügelschlägen, aber auch Gleitflug. Gegen Abend oft regelrechte Flugjagden unter großem Geschrei.

V Br. in Nordafrika und Eurasien. ▪ Bei uns häufiger Br. vor allem in den Städten; in ländlichen Gebieten oft selten. Jagt jedoch weit ab von den Brutplätzen, bei schlechtem Wetter in großer Zahl am Wasser. Zugvogel; Winterquartier im tropischen Afrika (Ende April/Anfang Mai bis August/September). ▪ Br. an Steinbauten, vor allem im Bereich von Städten. Neben der Straßentaube oft der einzige auffallende Vogel im Sommer in der City. Jagdgebiete über dem ganzen Land, vor allem auch über Wasserflächen.

F Nest in Mauerlöchern, unter Dächern und anderen dunklen Hohlräumen in Gebäuden mit Einflug nach außen. ▪ Eiablage ab Mitte Mai; 1 Jahresbrut. ▪ 2–3 weiße Eier. ▪ ♂ und ♀ brüten 18–20 Tage; Nestlingszeit stark schwankend, etwa 38–56 Tage je nach Witterung.

N Ausschließlich fliegende Insekten (und Spinnen).

Noch viel extremer als Schwalben sind Mauersegler an das Luftleben angepaßt. Man kann annehmen, daß sie sich außerhalb der Fortpflanzungszeit mehrere Monate so gut wie ununterbrochen in der Luft aufhalten. Wenn sie eine feste Unterlage

Fast flügge Mauersegler im Nest unter den Dachsparren.

aufsuchen, dann hängen sie sich meistens nur an senkrechten Strukturen ein. Dabei können sie recht gewandt klettern. Auf waagerechter Unterlage wirkt der Mauersegler allerdings unbeholfen. Gesunde Vögel können jedoch, entgegen einer immer wieder zu hörenden Meinung, sehr wohl vom Boden starten, wenn sie genügend großen Freiraum haben. Oft aber findet man durch Nahrungsmangel geschwächte Segler am Boden liegen, die sich nicht mehr abstoßen können.

Die Anpassung an den Luftraum geht so weit, daß viele Mauersegler auch fliegend übernachten, vor allem nach schönen Tagen, in denen sich wärmere Luftschichten gebildet haben. Abends fliegen Schwärme hoch hinauf, lassen sich dann von den Luftströmungen treiben, müssen aber dazwischen immer wieder einmal mit den Flügeln schlagen, um die Höhe halten zu können. Bei bestimmten Wetterlagen hat man schon Tausende von Mauerseglern registriert, die die Nacht in großen Höhen verbrachten. Schon im 18. Jh. vermutete der italienische Naturforscher Spallanzani, daß Mauersegler »im Fliegen schlafen«. Heute hat der Einsatz von Radar neben vielen Geheimnissen des Vogellebens im freien Luftraum auch die Flüge des Mauerseglers enträtselt.

Luftbewegungen und damit das Wetter bestimmen auch ganz entscheidend die Ernährung. Niedrige Temperaturen, hohe Niederschläge, aber auch starke Winde schaffen mitunter gefährliche Nahrungsengpässe. Bei länger anhaltenden Schlechtwetterperioden sind Mauersegler auch mitten in der Brutzeit gezwungen, große Ausweichbewegungen oft über Hunderte von Kilometern vorzunehmen, um Gebiete mit ausreichendem Nahrungsangebot zu erreichen. Solche Wetterflüge führen dann oft zu großen Konzentrationen, z.B. über insektenreichen Gewässern oder über Sumpfgebieten.

Flugbild des Mauerseglers (vgl. Schwalbe Band 1, S. 20–22).

Sind die Jungen schon etwas herangewachsen, dann können sie bei solchen Wetterfluchten der Altvögel mehrere Tage ohne Nahrung alleingelassen werden ohne zu sterben. Sie fallen in eine Art Hungerschlaf, bei dem die Körpertemperatur gesenkt und die Atemfrequenz reduziert wird. Mit Hilfe von Fettvorräten kann dieser herabgesetzte Stoffwechsel einen Jungvogel mitunter über 1 Woche ohne Nahrungszufuhr am Leben halten. Sinkt jedoch die Körpertemperatur auf etwa 20 °C, dann sterben die Jungvögel ab. Der Gewichtsverlust kann bis rund 60% betragen. Auch Altvögel können mehrere Tage hungern und dabei bis zu 40% an Gewicht verlieren, wobei dann ebenfalls die Körpertemperatur leicht absinkt. Allerdings ist bei ihnen die Fähigkeit zum Hungern viel weniger stark ausgebildet als bei Jungen. Gemeinsames Übernachten in kalten Nächten auf dem Zug, oft in großen Klumpen, erhöht ebenfalls die Überlebenschance. Halten Kälteperioden allerdings sehr lange an, treten gewaltige Verluste ein.

Eisvogel

Alcedo atthis

[K] Etwas über spatzengroßer, gedrungener, auffallend kurzschwänziger Vogel mit geradem, kräftigem Schnabel. Je nach Lichteinfall wirkt die Oberseite kobaltblau bis türkisfarben. Vor allem im Abflug fällt der leuchtend blaue Hinterrücken auf. Scharf abgesetzt an der Halsseite sind 2 weiße Flecke; Unterseite orangebraun. Durch seine auffallende Färbung und Gestalt mit keinem anderen Vogel zu verwechseln. ■ Vor allem im Abflug ist ein scharfes und gedehntes »tjie« zu vernehmen. Solche Einzellaute können auch zu kleinen Reihen geformt werden und klingen dann oft rauher. ■ Sitzt am Wasser gerne auf Pfählen und anderen offenen Warten (aber mitunter auch im Gebüsch versteckt). Geradliniger, reißender Flug, oft dicht über dem Wasser, gelegentlich Rüttelflug. Stoßtaucher.

[V] Br. von Europa bis nach Ostasien (fehlt in den innerasiatischen Trokkengebieten); nach Süden bis Indien, Indonesien und Taiwan. ■ Bei uns meist sehr lückenhaft verbreitet und oft nur ur. Br.; langfristig ist der Bestand sehr stark zurückgegangen. Gründe: Verfolgung als Fischfeind, Vernichtung von Brutplätzen durch Wasserbau, Gewässerverschmutzung, Störungen durch Erholungsbetrieb usw. Durch Schutzmaßnahmen in neuester Zeit konnte der Rückgang lokal aufgehalten werden. Harte Winter verursachen große Bestandseinbrüche, die meist erst nach 5–7 Jahren wieder ausgeglichen sind. Stand- und Strichvogel, aber auch Kurzstreckenzieher. ■ Jagdgebiete sind klare, langsamfließende oder stehende Gewässer mit einem ausreichendem Angebot an Sitzwarten. Zum Nestbau ist eine überhängende oder senkrechte Bruchkante in weichem Bodenmaterial erforder-

Brutröhre des Eisvogels im Uferabbruch eines unverbauten Flusses.

lich, die die Anlage einer Höhle gestattet. Bruthöhlen können auch vom Wasser bis 1 km entfernt sein. Ansiedlung der Eisvögel durch künstliche Nisthilfen und Anlage von geeigneten Abbruchkanten ist möglich. Im Winter oft abseits der Brutplätze, auch mitten in den Städten; ferner an künstlichen Fischteichen, sogar an der Küste.

F Nest ist eine horizontale oder leicht ansteigende Höhle mit backofenförmigem Nestkessel, 50–90 cm lang. Alte Höhlen werden oft wieder benutzt. ▪ Legebeginn März; 2–3 Jahresbruten. ▪ 5–7, manchmal auch bis 9 weiße Eier. ▪ ♂ und ♀ brüten 18–21 Tage; Junge werden von ♂ und ♀ 23–27 Tage im Nest gefüttert.

N Hauptsächlich kleine Süßwasserfische, daneben auch Insekten, Frösche, Kaulquappen.

Eisvögel erbeuten kleine Fische, indem sie aus der Luft ins Wasser stoßen. Bei dieser Form des Nahrungserwerbs laufen viele komplizierte Verhaltensweisen so rasch hintereinander ab, daß uns erst moderne Fotografie und Analysen von Filmbildern alle Einzelheiten deutlich gemacht haben. Um erfolgreich fischen

Start nach dem Tauchstoß.

zu können, muß der Eisvogel seine Beute im Wasser vorher optisch fixieren. Das bedeutet, daß er nur im klaren Wasser fischen kann oder dort, wo Fischchen passender Größe nahe an die Oberfläche kommen. Auch bei starkem Wind, der die Wasseroberfläche bewegt, ist der Fangerfolg fraglich.

Von einer passenden Sitzwarte im oder nahe am Wasser wird der Stoß angesetzt. Oft versuchen Eisvögel im kurzen Flug die nötige Stoßhöhe zu erreichen und möglichst senkrecht über die Beute zu gelangen. In diesem Fall wird dann der Steilstoß aus einem kurzen Rüttelflug (s. S. 57) an-

Zugriff nach dem Eintauchen.

Die Nesthöhle wird angeflogen.

Altvogel nach erfolgreicher Jagd.

gesetzt. Rasche Flügelschläge sorgen im Herabstoßen für die nötige Beschleunigung. Ist die Wasseroberfläche erreicht, wird der Körper gestreckt; die Flügel sind seitlich angelegt. Wie ein Projektil schießt der Vogel ins Wasser. Die Augen bleiben dabei offen, der Schnabel ist entweder geschlossen oder leicht geöffnet. Da der Stoß im Wasser jedoch in der Regel nicht tief gehen soll – häufig fischen Eisvögel auch im ganz seichten Wasser – werden unmittelbar nach dem Eintauchen, schon bevor die Beute erreicht ist, Bremsbewegungen eingeschaltet: Der Vogel dreht seine Körperachse waagerecht, streckt die Füße vor und führt rudernde Flügelschläge unter Wasser aus. Um rasch wieder auftauchen zu können, dreht sich der Eisvogel mitunter wieder nach oben. Oft aber drückt er nur seinen Schnabel an die Brust und durchstößt mit dem Oberkopf zuerst die Wasseroberfläche. Mit einem kräftigen Ruck wird der Schnabel mit oder ohne Beute aus dem Wasser geschleudert, und der Vogel startet entweder sofort oder nach einer ganz kurzen Ruhepause zum Rückflug auf die Sitzwarte.

Meist sind Eisvögel nur sehr kurz unter Wasser. Vom Eintauchen bis zum Ergreifen der Beute vergeht kaum 1 Sekunde. Wahrscheinlich führen die meisten Tauchstöße nur etwa 30–60 cm unter Wasser; im ganz seichten Wasser wird der Stoß schräg angesetzt. Fische werden mit dem kräftigen Schnabel etwa in der Mitte des Körpers gepackt oder auch durch den geschlossenen Schnabel regelrecht harpuniert und am Rücken oder in den Flanken aufgespießt. Die weitere Bearbeitung der Beute erfolgt dann meist auf der Sitzwarte.

Kräftiges Zusammendrücken des Schnabels tötet oder schwächt den Fisch. Zappelt die Beute heftig, wird sie mit kräftigen Schlägen auf die Unterlage betäubt. Die Zahl der Schläge richtet sich nach der Größe der Beute und der Heftigkeit der Bewegungen des Beutefisches. Meistens sind die erbeuteten Fischchen nur etwa 4–7 cm lang; nur ausnahmsweise können sie eine Größe bis über 10 cm erreichen. Besonders beliebt sind schlanke und flachrückige Fischarten im Seicht- oder Oberflächenwasser, z. B. kleine Bachforellen, Gründlinge, Elritzen und die Vertreter der Weißfische, wie Plötzen oder Rotfedern. Auch kleine Stichlinge und Flußbarsche werden trotz ihrer Stacheln auf dem Rücken bzw. in der Rückenflosse hinuntergeschluckt. Dickköpfige oder hochrükkige Fische sind weniger beliebt, so z. B. Brachsen, Groppen usw. Der Fisch wird im Schnabel gedreht, so daß er kopfvoran in den Schlund gleiten kann. Fischchen, die zur Fütterung der Jungen in der Nesthöhle bestimmt sind, werden dagegen nur umgekehrt getragen. So können sie schnabelgerecht den Jungen angeboten werden.

Nicht zuletzt ist der komplizierte Nahrungserwerb die Ursache dafür, daß Eisvögel nirgends häufig und die Bestände in der mitteleuropäischen Kulturlandschaft stark zurückgegangen sind. Wie üblich sind viele unmittelbare Ursachen daran schuld. Viele Störungen an den Brutplätzen, am Ufer durch Angler, Touristen, Badebetrieb, ferner die Belastung und Verschmutzung der Gewässer durch Industrie und menschliche Siedlungen und der Ausbau von Fließgewässern mit betonierten Ufern dürften die wichtigsten sein. Man macht sich oft nicht klar, wie selten durch den Ausbau der Fließgewässer vom Bach bis zum großen Fluß heute ein naturnahes Uferstück mit weicher Abbruchkante geworden ist, in dem der Eisvogel seine Bruthöhle anlegen kann. Auch die Uferschwalbe (Band 1, S. 24) hat dadurch längst ihre angestammten Brutplätze verloren. So herrscht ein akuter Mangel an geeigneten Nistplätzen.

In den letzten Jahren haben Vogelschützer verschiedentlich mit Erfolg Abhilfe schaffen können, im einfachsten Fall durch Abgraben von Steilufern. Man kann aber auch künstliche Brutwände aus einem Gemisch mit Bodenmaterial und Kalk und vorgefertigten Bruthöhlen anlegen. Der Erfolg solcher Maßnahmen in vielen Teilen Mitteleuropas hat gezeigt, daß solche Nisthilfen für den Eisvogel tatsächlich einen Engpaß beseitigen können, natürlich aber nicht alleine die Verschlechterung der Lebensbedingungen aufhalten können. Voraussetzung hierfür ist, daß auch geeignete Gewässer vorhanden sind. Es muß nicht immer ein klarer Bach oder ein urtümlicher Fluß sein. Auch in künstlichen Teichlandschaften oder in kleinen Kiesgrubenseen und anderen Naßbaggerungen lassen sich Eisvögel ansiedeln, wenn es gelingt, Störungen aller Art fernzuhalten.

Eisvögel können einen einmal gefundenen günstigen Brutplatz durch mehrere, rasch aufeinanderfolgende Bruten optimal ausnützen. Dabei kann man mitunter feststellen, daß das Weibchen bereits auf einem 2. (oder gar 3.) Gelege brütet, das ♂ aber noch mit der Fütterung der Jungen der jeweils vorhergehenden Brut beschäftigt ist. Man spricht dann von Schachtelbruten.

Junger Eisvogel nach dem Ausfliegen; der Schnabel ist noch etwas kürzer.

Blauracke

Coracias garrulus

K Kleiner als Krähe (etwa Eichelhähergröße). Vor allem im Flug sehr auffallend gefärbt: Intensiv blaue Oberflügel mit dunkelblauem Flügelsaum, violettblauer Hinterrücken, dunkler Schwanz mit einer breiten, türkisfarbenen Endbinde. Im Sitzen Rücken und Schultern kastanienbraun, übriger Körper türkisfarben. Juv. matter gefärbt. ▪ Rauher Stimmfühlungsruf, etwa »rack«, ein paarmal gereiht. ♂ »rärärrä ...« am Brutplatz ▪ Sitzt gern auf erhöhter Warte, auch Leitungsdraht. Flug ähnlich Krähe, gelegentlich mit kurzen Gleitstrecken eingeschaltet. Kehrt nach einem kurzen Fangflug meist wieder auf die Warte zurück.

V Wärmere Gebiete Europas und Asiens. Vor allem wohl aus klimatischen Gründen in vielen Teilen Europas heute als Br. verschwunden. ▪ In Mitteleuropa nur noch im Osten (DDR, CSSR, Polen, Österreich) meist seltener Br. In der Bundesrepublik in den letzten Jahrzehnten nur gelegentlich Einzelbruten; regelmäßiger, einzelner Gast ab April/Mai. Im Mittelmeergebiet teilweise häufig. ▪ Br. in lichten Eichenbeständen und Kiefernwäldern, aber auch Alleen, Parkanlagen, Auwäldern usw.; auf warme, trockene Gebiete begrenzt. Im Mittelmeergebiet auch Br. in Felswänden, Steilufern und an alten Bauwerken.

F Höhlenbrüter (vor allem Schwarz- und Grünspechthöhlen); nimmt auch Kunsthöhlen und Nistkästen an. ▪ Legebeginn in Mitteleuropa Ende Mai/Anfang Juni; 1 Jahresbrut. ▪ 4–6 weiße Eier. ▪ ♂ und ♀ brüten etwa 18–20 Tage; die Jungen werden 26–28 Tage von ♂ und ♀ in der Bruthöhle gefüttert.

N Große Insekten, Würmer, Tausendfüßler; mitunter auch kleine Wirbeltiere (z. B. Reptilien).

Die Blauracke gehört zusammen mit Bienenfresser und Wiedehopf zu den ausgesprochen wärmeliebenden Vögeln, die sich in Mitteleuropa meist nur unter besonders günstigen Umständen halten können. Daher zählen sie nördlich der Alpen meist zu den großen Seltenheiten, sind aber z. B. in Südeuropa weit verbreitet und häufig zu beobachten. Klimaschwankungen haben das Brutvorkommen solcher südlicher Vögel bei uns immer schon stark beeinflußt, doch ist das Schicksal von Blauracke, Wiedehopf und Bienenfresser im einzelnen ganz unterschiedlich.

Die Blauracke war noch im 19. Jahrhundert weit über Mitteleuropa verbreitet. Sie ist in der Bundesrepublik als regelmäßiger Brutvogel schon in den ersten Jahrzehnten des 20. Jahrhunderts verschwunden. In der DDR zählte man 1961 noch 135 Brutpaare; 1976 war dieser Restbestand auf 25–30 Paare zusammengeschmolzen. Sicher sind nicht nur Klimaschwankungen Ursachen des Rückgangs, wie der Vergleich mit anderen wärmeliebenden Vogelarten zeigt, die durchaus auch heute noch bei uns eine Chance haben, ja sogar – wie der Bienenfresser – Tendenzen zeigen, ihr Brutgebiet nach Mitteleuropa auszuweiten. Vernichtung von Brutplätzen durch Veränderung der Waldstruktur, Verringerung eines geeigneten Höhlenangebotes und möglicherweise auch Konkurrenz mit anderen Höhlenbrütern (z.B. Dohle) mögen am Rückgang ursächlich beteiligt gewesen sein und sicher auch der in den letzten Jahrzehnten katastrophale Rückgang an Großinsekten und anderen größeren Gliedertieren. Hier finden sich viele Parallelen zu weiteren Vogelarten wie Wiedehopf, Ziegenmelker, aber auch zu den Würgern unter den Singvögeln (Band 1, S. 123). Obwohl 4–6 Eier gelegt werden, scheinen Blauracken an nördlichen Brutplätzen meist nicht mehr als 2 Junge großziehen zu können.

Brutplatz der Blauracke.

Bei uns ist die Blauracke vor allem Baumhöhlenbrüter; im Osten Mitteleuropas wird besonders die Eiche bevorzugt. In Südeuropa finden sich dagegen die Nester in Felshöhlen und -spalten, aber auch in Mauerlöchern von Burgen, Festungen oder unbewohnten Häusern. Häufig werden aber in weichem Material, z.B. Lehm-, Löß- oder Sandwänden, von den Brutvögeln selbst Löcher gegraben. Nistmaterial wird aber nie eingetragen.

An warmen Hängen findet die Blauracke zur Nahrung geeignete Großinsekten.

Bienenfresser

Merops apiaster

K Auch wenn die bunten Farben bei ungünstigem Licht nicht zu sehen sind, ist der schlanke Vogel eigentlich unverkennbar. Langer gebogener Schnabel, verlängerte mittlere Schwanzfedern (die allerdings bei den Jungvögeln fehlen) fallen auch im Gegenlicht auf. Oberseite braun und gelb, Unterseite blaugrün mit leuchtend gelber Kehle. Im Gleitflug fallen vor allem die hell durchscheinenden Schwingen auf. ▪ Ein sehr häufiger und typischer Flugruf ist ein gedämpftes, etwas guttural klingendes »prürr« oder »rüpp«. Man hört diesen Ruf oft erstaunlich weit und kann daran die Anwesenheit von Bienenfressern schon feststellen, bevor man die sehr unruhigen Vögel zu Gesicht bekommt. ▪ Typische Flugweise mit raschen Flügelschlägen und dazwischen eingeschalteten Gleitflugstrecken erinnert etwas an Schwalben, insbesondere Mehlschwalbe. Sitzt oft auf Leitungsdrähten; gern gesellig.

Bienenfresser sind gern gesellig.

V Br. in Nordafrika, Südeuropa, Südasien und ganz isoliert in Südafrika (diese Brutpopulation ist offenbar aus »hängengebliebenen« Zugvögeln aus dem Norden entstanden). ▪ In Mitteleuropa vor allem im Südosten (Ungarn, Burgenland, Slowakei, Südpolen) r. Br.; gelegentlich erscheinen Bienenfresser auch weiter nordwärts und neuerdings ist es verschiedentlich zu Brutvorstößen gekommen (s. unten). Zugvogel (Mai bis September); Winterquartier im tropischen und südlichen Afrika. ▪ Br. offener und vor allem warmer, sonniger Landschaften mit reichem Insektenangebot und wenig intensiver wirtschaftlicher Nutzung. Bei uns nur auf die wärmsten Gegenden beschränkt.

F Nest ist eine über 1 m lange Erdröhre, in der Regel in Steilhängen und Abbruchkanten im weichen Material gegraben und daher meist an Flußufern, Wegböschungen oder Sandgruben, gelegentlich aber auch im flachen Boden. Die Eier werden auf bloßem Untergrund abgelegt, doch häufig sammeln sich sehr viel Chitinteile aus der Insektenbeute als Unterlage. Koloniebrüter. ▪ Legeperiode Mai bis Ende Juni; 1 Jahresbrut. ▪ Meist 5–7 rein weiße, dünnschalige Eier. ▪ ♂ und ♀ brüten etwa 20–22 Tage; Junge verlassen nach 31–33 Tagen die Bruthöhle.

N Mittelgroße bis große Fluginsekten; hauptsächlich Hautflügler, also

Manchmal wird die Bruthöhle auch in sanfte Hänge oder in die ebene Erde gegraben.

Bienen, Wespen, aber auch Käfer, Heuschrecken usw.

Bienenfresser sind vielseitige Luftjäger, die allerdings meist nicht wie Segler oder Schwalben unermüdlich hinter fliegenden Insekten herjagen, sondern den kurzen Jagdflug von einer geeigneten Sitzwarte aus vorziehen. Bienen und Wespen, die zeitweise die wichtigste Nahrung ausmachen, werden nach dem Fang meist in der Mitte des Körpers gefaßt und einige Male kräftig mit den Kopf auf die Zweige geschlagen. Anschließend kommt die »Entgiftung« des Stachelapparates: Die Schnabelspitze greift rasch zum Hinterleibsende und reibt dieses mehrmals kräftig gegen eine feste Unterlage. Durch den Druck des Schnabels wird das Gift aus dem Hinterleib herausgepreßt und anschließend abgewischt.

Bienenfresser können stechende Hautflügler sehr genau von anderen ungefährlichen Insekten unterscheiden, mit denen dieses Abwischen nicht durchgeführt wird. Selbst wespenähnliche Schwebfliegen werden eindeutig als ungiftig erkannt. Allerdings scheinen Bienen- und Wespenstiche den Bienenfressern relativ wenig auszumachen.

In neuester Zeit haben sich Bienenfresser nicht nur einzeln als Gäste in Mitteleuropa blicken lassen; es ist auch verschiedentlich zu meist kurzfristigen Brutansiedlungen gekommen, allerdings meist nur von Einzelpaaren oder sehr kleinen Kolonien. Ein regelrechtes Invasionsjahr war z.B. 1964 (Bruten in Nord- und Süddeutschland und in den Niederlanden). Zwischen 1960 und 1980 wurden in 11 Jahren brütende Bienenfresser in der Bundesrepublik nachgewiesen, in der DDR mindestens 7 mal und in den Niederlanden 2 mal. Selbst Dänemark hatte z.B. 1966 und 1973 einzelne Brutpaare, und auch in Schweden brüteten schon die bunten Südländer.

Man hat die Neigung, das Brutgebiet nach Norden auszuweiten, mit Erwärmungen des Klimas in Mitteleuropa in Zusammenhang gebracht, obwohl neuerdings die Vorzeichen für wärmeliebende Vogelarten nicht mehr so günstig stehen.

Wiedehopf

Upupa epops

[K] Auffallende Vogelgestalt; Körper kaum größer als Star, wirkt aber viel auffälliger. Dünner, gebogener Schnabel und aufrichtbare Federhaube. Körpergefieder hell orangebräunlich; Schwingen und Schwanz vor allem beim Flug kontrastreich schwarz-weiß gebändert. ▪ Balzruf ein meist 3silbiges und gedämpftes »upupup«, das relativ weit zu hören ist. Bei Erregung rauhes Krächzen. ▪ Auffallend »unsicherer« Flug in wellenförmiger Flugbahn, mit unregelmäßigen und weit durchgezogenen Flügelschlägen.

[V] Br. in Afrika und in warmen Gebieten Europas und Asiens. Häufig z.B. in vielen Mittelmeerländern. ▪ Bei uns vom Aussterben bedroht und offenbar, z.T. durch Klimaschwankungen aber auch durch Intensivierung der Landwirtschaft, in vielen Gebieten sehr selten geworden oder ausgestorben. Nur in wärmeren Tiefländern noch als Br. einzeln anzutreffen. In vielen Gebieten regelmäßiger einzelner Durchzügler. Zugvogel (April bis Sept.). ▪ Offene Landschaften in warmen und trockenen Klimaten mit ausreichendem Höhlenangebot. Nahrungssuche auf lichten Waldflächen, Ödländern, Garten- und Ackerflächen, Weinbergen usw. In baumarmen Gebieten auch im Bereich menschlicher Siedlungen.

Maulwurfsgrillen sind eine beliebte Beute.

[F] Höhlenbrüter; Nest in Astlöchern, verlassenen Spechthöhlen, Mauerspalten, Felshöhlen, Erdlöchern, Steinhaufen usw., auch in großen Nistkästen. ▪ Legebeginn ab Anfang Mai; 1 Jahresbrut; selten 2. ▪ 5–8 (selten mehr) hellgraue Eier. ▪ ♀ brütet allein etwa 17 Tage. Junge werden von ♂ und ♀ etwa 23–25 Tage im Nest und später noch außerhalb des Nestes gefüttert.

[N] Große Insekten (z.B. Grillen und deren Larven, Raupen, Engerlinge), Spinnen, Asseln, Tausendfüßler, Regenwürmer, Schnecken.

Wiedehopfen wird seit alters her nachgesagt, sie würden stinken. Dies stimmt nur teilweise. Die Jungen in der meist bodennahen Nesthöhle haben bestimmte Abwehrreaktionen, die sicher gegenüber Säugetieren, die ein Bodennest plündern wollen, recht wirksam sind. Zunächst lassen sie bei Störung ein zischendes Fauchen hören. Dann drücken sie sich mit dem Vorderkörper auf den Boden, so daß der Hinterkörper nach außen gerichtet ist. Er wird gleichzeitig mit den Beinen etwas hochgestemmt. Unter dem aufgerichtetem Schwanz spritzen die Jungen dann dünnflüssigen Enddarminhalt aus, der aber geruchlos ist. Noch kleine Junge führen dieses Kotspritzen ungezielt aus; mit zunehmendem Alter kann der dünnflüssige Kot ganz gezielt auf den Störenfried gerichtet werden. Zur Nestlingszeit entwickelt sich auch die Bürzeldrüse sehr stark. Gleichzeitig mit der gezielten Kotabgabe tritt aus dieser Bürzeldrüse in kleinen Tropfen ein schwarzbraunes Sekret aus, das einen üblen Geruch verbreitet. Das Weibchen kann während der Brut- und Nestlingszeit ebenfalls übelriechendes Sekret aus der Bürzeldrüse abgeben. Sind die Jungen kurz vor dem Ausfliegen, gehen sie auch mit dem geöffneten Schnabel auf einen Nestfeind los.

Auch erwachsene Wiedehopfe haben wirksame Möglichkeiten, Feinden zu entgehen. Man sollte gar nicht glauben, daß der so auffallend gezeichnete Vogel, wenn er sich auf den sonnenbeschienenen Boden legt und die Flügel ausbreitet, geradezu in seiner Umgebung verschwindet und dann schwer zu entdecken ist. Man nennt eine durch kontrastreiche Färbung hervorgerufene Verschmelzung des Körpers mit der Umgebung, durch die gewissermaßen die Körperkonturen aufgelöst werden, Somatolyse (wörtlich: Körperauflösung).

In der Schweiz wurden 1977/79 noch etwa 137 Brutpaare des Wiedehopfes ermittelt. In der Bundesrepublik siedeln meist nur noch Einzelpaare. Eine Zusammenstellung aller Befunde ergab, daß um 1980 insgesamt nur noch mit 60–100 Paaren zu rechnen ist und in mindestens 3 Bundesländern der Bestand bereits erloschen war. Die meisten Vorkommen sind noch in den milden Teilen Südwestdeutschlands zu erwarten, z. B.

Bei Erregung wird die Haube aufgestellt. Wiedehopf füttert seine Brut in einem ausgefaulten Astloch in einer Pappel. Oft sind die Brutplätze am Boden in geeigneten Verstecken.

Fütterung an einer Baumhöhle kurz vor dem Flüggewerden der Jungen.

in Rheinland-Pflanz und in Baden, vor allem in der Oberrheinebene. Viele Brutplätze sind allerdings nur unregelmäßig besetzt.

Wendehals

Jynx torquilla

K Über sperlingsgroß, schlank mit länglichem Schwanz. Erinnert mit seinem kurzen Schnabel eher an einen Singvogel als an einen Specht. Rindenfarbig, ausgezeichnet getarnt. Oberseite hellgrau, braun und rostgelb gemustert; Unterseite rahmgelblich mit graubraunen Querwellen an Kehle und Flanken. Juv. weniger kontrastreich gefärbt. ▪ Außerhalb der Fortpflanzungszeit wenig ruffreudig. Gesang am Brutplatz ist eine Serie von gedämpft klingenden, aber recht weit zu hörenden »wied«- oder »wäd«-Lauten, die von ♂ und ♀ im Duett vorgetragen werden können. ▪ Meist Einzelgänger; sitzt oft auf schrägen Ästen, aber auch am Boden. Im Laub der Büsche und Bäume schwer zu entdecken.

V Brutvogel von Europa bis nach Ostasien; auch in Nordafrika und an einigen Stellen im Süden der UdSSR, Himalaja. ▪ Bei uns verbreiteter, aber nirgends häufiger, meist einzeln siedelnder Br. im klimatisch günstigen Tiefland und in sonnigen Gebirgstälern. Geht in den Alpen nur an besonders günstigen Stellen über 1000 m. Bestand nimmt teilweise ab, daher bedroht. Langstreckenzieher (Anfang/Mitte April bis September); Winterquartier im tropischen Afrika. ▪ Br. in baumbestandenen Landschaften, z.B. in Feldgehölzen, Alleen, Parkanlagen, Obstgärten, lichten Auwäldern; in geschlossenen Laubwäldern nur bei Auflockerungen oder am Rand. Nahrungssuche auf dem Boden.

F Höhlenbrüter in verlassenen Spechthöhlen, ausgefaulten Astlöchern usw.; zimmert sich die Höhle nicht selbst, ist gebietsweise ganz auf das Angebot von Nistkästen angewiesen. Nestmaterial wird nicht eingetragen. ▪ Legebeginn meist Mitte Mai; teilweise 2 Jahresbruten. ▪ 7–11, manchmal aber auch nur 5 oder 6 weiße Eier. ▪ Brutdauer 12–14 Tage; beide Partner brüten. Jungvögel verlassen meist nach 20–22 Tagen das Nest und halten dann mindestens noch 1 Woche zusammen.

N Insekten; vor allem kleine Wiesen- und Wegameisen verschiedener Arten.

Wendehals auf Ameisenjagd.

In vieler Hinsicht ist der Wendehals eine ganz absonderliche Vogelgestalt unserer Fauna. Seine rindenartige Färbung tarnt ihn ausgezeichnet,

so daß er leicht übersehen wird. Daher sind in der Zeit nach der Ankunft aus dem Winterquartier die markanten Rufreihen das beste Mittel die Anwesenheit von Wendehälsen festzustellen.
In vielen Gebieten Mitteleuropas spielen Nistkästen heute eine wichtige Rolle als Brutstätten. Man kann dem teilweise sehr bedrohten Vogel dadurch nicht unerheblich helfen. Allerdings muß in der Umgebung des Kastens erreichbare Nahrung vorhanden sein. Wendehälse bevorzugen trockene Rasenstücke und Wiesen, in denen die Vegetation nicht zu dicht steht. Dann können sie an die Nester der kleinen Weg- und Wiesenameisen herankommen, die den größten Teil der Nestlingsnahrung bilden. Larven, Puppen und auch die Vollinsekten bleiben an der gestreckten Zunge, die als Leimrute wirkt, kleben. Die Zunge schnellt zurück und bringt die Beutestücke in die Mundhöhle. 150–350 Einzelobjekte kann der von einer dünnen Speichelmembran umhüllte Futterballen enthalten, den die Altvögel im Kehlsack und im halbgeöffneten Schnabel zur Nesthöhle bringen.
Wendehälse haben nicht selten um ihre zukünftige Bruthöhle zu kämpfen. Wenn sie aus dem Winterquartier in ihr Brutgebiet zurückkehren, haben Meisen und Stare schon mit der Brut begonnen. Wendehälse inspizieren mögliche Bruthöhlen und scheuen sich nicht, bereits im Bau befindliche Nester anderer Arten herauszuzerren. Vor allem Meisen, Trauerschnäpper, Gartenrotschwanz, Feldsperling und auch Stare können davon betroffen sein. Aber auch bereits abgelegte Eier hindern den Wendehals nicht, eine schon vor ihm besetzte Bruthöhle zu erobern. Die Eier des Vorbesitzers werden entweder hinausgeworfen oder nur aus der Nestmulde geschleudert oder an den Höhlenwänden zertrümmert.

Fütterung mit einem Paket Ameisenpuppen.

Selbst kleine Singvogelnestlinge werden hinausgetragen oder durch das Flugloch geworfen. Oft »säubert« ein Wendehalspaar nicht nur eine einzige Höhle auf diese Weise für seine Zwecke, sondern mehrere in der Umgebung, um sich dann erst zu entscheiden. Manchmal nimmt es der Wendehals mit der Säuberung nicht sehr genau. Nachdem er die Eier eines Vorbesitzers hinausgeworfen hat, werden die eigenen Eier in das leere Nest gelegt.
Die kleinen, noch völlig nackten Nestlinge suchen durch eine „Wärmepyramide" möglichst wenig Wärme zu verlieren. Sie hocken auf den Fersen eng aneinandergedrückt und lehnen sich gegenseitig die Hälse über die Schultern. Zunächst sind sie wie Dachziegel ausgerichtet; später bilden sie einen Kegel und betteln mit emporgereckten Hälsen.

Grauspecht

Picus canus

[K] Deutlich kleiner als Krähe. Sehr ähnlich Grünspecht, aber etwas kleiner. Wichtigste Unterscheidungsmerkmale: Grauer Kopf und Hals, mit kleinerem, schwarzem Augenstreif und schmalem, schwarzem Bartstreif. ♀ ganz ohne Rot, bei ♂ nur Stirn und Vorderscheitel rot. Juv. brauner, mit braun gebänderten Flanken, ♂ hat bereits etwas Rot an der Stirn. Im Flug Schwanz etwas länger, Hals deutlich kürzer als Grünspecht. ▪ Auffallend ist zu Beginn der Brutzeit eine chromatisch abfallende, wohlklingende Rufreihe, aus 5–20 »kü«-Elementen bestehend. Im Gegensatz zum Grünspecht kann man sie leicht nachpfeifen. ♀ rufen meist etwas kürzer als ♂. Andere Rufe z.B. kurze »kück«- oder auch »kjäck«-Reihen sind vom Grünspecht schwer oder gar nicht zu unterscheiden. ♂ trommelt im Frühjahr auf Holz und gelegentlich Metallteilen; ein Trommelwirbel besteht aus 19–39 Schlägen (20 pro Sekunde). ▪ Außerhalb der Brutzeit ist er recht schweigsam und daher schwer zu entdecken; wie Grünspecht auch auf dem Boden (Ameisenhaufen, Baumstumpf).

Weibchen (ohne Rot) beim Ameisenfang.

[V] Br. von Europa bis Ostasien; Nordgrenze Südskandinavien, Zentralrußland, Südsibirien, Nordmongolei; Südgrenze Mittelfrankreich, Alpen, Nordgriechenland, Nordanatolien, Himalaja, Südchina; auch in Japan, Taiwan und Sumatra. ▪ Bei uns von den Alpentälern bis an den Südrand der Norddeutschen Tiefebene nicht seltener Br.; fehlt im größten Teil Belgiens, in den Niederlanden und in weiten Teilen Norddeutschlands. Stand- und Strichvogel. ▪ Br. in locker mit Bäumen bestandenen Landschaften, z.B. Parkanlagen, Alleen, Friedhöfe, Gärten, Streuobstflächen, Feldgehölze und Auwälder; in geschlossenen Laubmischwäldern, im Gebirge auch in Nadelwäldern, nur dann, wenn die Bäume nicht zu dicht stehen. Lebensraum oft ganz ähnlich dem Grünspecht. Nahrungssuche auch auf dem Boden (Ameisen).

[F] Höhlenbrüter, der sich seine Höhlen selber zimmert, aber auch bereits vorhandene Spechtlöcher besiedelt. ▪ Legebeginn frühestens Ende April, meist ab Anfang, oft auch noch Ende Mai/Anfang Juni; 1 Jahresbrut. ▪ 7–9, seltener 4 oder 5 Eier;

weiß. ▪ Brutdauer 14–17 Tage; Nestlingsdauer 23–25 Tage.

N Insekten; vor allem Puppen und Vollinsekten von Ameisen, daneben auch viele andere Arten. Mitunter Beeren, Obst und an Futterstellen im Winter Fett, Sämereien, Brot.

Vogelarten, die sich wie Grau- und Grünspecht außerordentlich ähnlich sind, bezeichnet man als Zwillingsarten. In unserer Fauna gibt es vor allem unter den Singvögeln solche Artenpaare (z.B. Zilpzalp und Fitis, Sumpf- und Weidenmeise, Sommer- und Wintergoldhähnchen). Häufig unterscheiden sich optisch sehr ähnliche Arten durch ihre Lautäußerungen ganz beträchtlich. Bei Grün- und Grauspecht gilt dies in erster Linie für den auffallenden Revierruf, der seiner Funktion nach durchaus mit dem Gesang der Singvögel verglichen werden kann. Der etwas melancholische abfallende Grauspechtruf läßt sich im Gegensatz zu dem mehr wiehernden Lachen des Grünspechtes leicht nachpfeifen. Außerdem trommeln Grünspechte im Gegensatz zu Grauspechten nie.

Das Trommeln (s. auch S. 154) ist bei den meisten Spechtarten ein weithin hörbares Signal, das den Revierbesitz anzeigt. Beim Grauspecht trommeln meist die ♂, selten die ♀. Der Schnabel schlägt dabei in einem schnellen Wirbel auf eine Unterlage. Häufigkeit und Länge der Trommelwirbel sowie die Schlagfolge innerhalb eines Wirbels unterscheiden sich bei den einzelnen Spechtarten (s. S. 154). Mit einiger Übung kann man zumindest einige Arten recht sicher an ihrem Trommeln erkennen. Man darf dieses Trommeln nicht mit dem Hacken und Klopfen, das der Nahrungssuche oder dem Zimmern einer Bruthöhle dient, verwechseln. Bevorzugt trommeln Spechte auf dürren Stämmen und Ästen, deren Holz eine gute Resonanz abgibt. Einzelne ♂ fliegen hartnäckig immer wieder dieselbe Stelle an, weil sie sich akustisch als besonders gut geeignet erwiesen hat. Dabei sucht, ähnlich wie der Buntspecht, auch der Grauspecht sich mitunter recht absonderliche Stellen für den Trommelwirbel aus, so z.B. Blechstücke an Dächern oder Leitungsmasten, Luftschutzsirenen, Antennen usw. Der Grauspecht gehört allerdings nicht zu den fleißigsten Trommlern unter unseren Spechten, wohl deswegen, weil er auch einen sehr weittragenden Reviergesang besitzt. Man kann übrigens durch das Nachpfeifen der Grauspechtstrophe insbesondere im März und April revierbesitzende ♂ zu einer Antwort veranlassen und damit die Anwesenheit des nicht immer leicht zu entdeckenden Spechtes feststellen.

Männchen an der Bruthöhle. Man kann den roten Stirnfleck erkennen.

Grauspechte sind nicht gleichmäßig häufig in Mitteleuropa anzutreffen. In manchen Gebieten sind sie fast häufiger als Grünspechte, in anderen zählen sie zu den ausgesprochenen Seltenheiten oder fehlen ganz, wie z.B. an der Nordseeküste.

Grünspecht

Picus viridis

[K] Kleiner als Krähe; sehr ähnlich Grauspecht. Oberseite grün bis graugrün, Bürzel gelbgrün (fällt vor allem im Flug auf). Kopfseiten und Unterseite bis Brust grünlichgrau, Bauchseite meist gelbgrün getönt. Schwanz graubraun, im Gegensatz zum Grauspecht vor allem auf der Unterseite hell gebändert. Im Sitzen ist das wichtigste Merkmal der von Stirn bis Nacken rote Oberkopf. Die schwarze Gesichtsmaske reicht von der Schnabelwurzel bis hinter das Auge und unter die Ohrdecken. ♂ mit rotem, schwarz umrandeten Bartstreif; ♀ kein Rot an den Kopfseiten. Bei den juv. ist das Rot am Kopf mehr orangefarben und die schwarze Gesichtsmaske ist bis auf den wenig deutlichen Bartstreifen reduziert; Kopfseiten, Kinn, Kehle und Hals sind schwarzbraun längsgestreift; übrige Unterseite dunkel quergestreift. Juv. wirken zudem brauner als ad. ▪ In der Brutzeit auffallendes Lachen, eine Folge von »klü«-Lauten, die nicht so chromatisch abfällt wie beim Grauspecht. Ferner kurze »kjäck«, im Flug oft scharfe »djuck« und bei aggressiver Stimmung scharfe »kjäik«. Trommelt im Gegensatz zum Grauspecht sehr selten. ▪ Hält sich wie Grauspecht auch oft auf dem Boden auf (Ameisenhaufen, Baumstumpf).

[V] Br. in Europa und Vorderasien; von Spanien und Großbritannien bis ins mittlere Skandinavien und die europäische UdSSR; ferner Kaukasus, Anatolien, Nordiran. ▪ Bei uns verbreiteter Brutvogel von der Norddeutschen Tiefebene bis in die Al-

Weibchen (schwarzer Bartstreif).

Männchen (Bartstreif mit Rot).

pen. Stand- und Strichvogel. ▪ Br. an den Rändern von Laub- und Mischwäldern (im Gebirge auch in Nadelwäldern), in Parkanlagen, Villenvierteln, Streuobstanlagen, Feldgehölzen. In ausgedehnten Wäldern nur dann, wenn größere Lichtungen usw. für die Nahrungssuche am Boden vorhanden sind.

[F] Höhlenbrüter in selbstgezimmerten, aber auch bereits vorhandenen Baumhöhlen. Neuanlage von Höhlen vor allem in kranken Bäumen. ▪ Legebeginn etwas früher als Grauspecht, frühestens ab Anfang April; 1 Jahresbrut. ▪ 5–8 weiße Eier. ▪ Brutdauer 14–15 (17) Tage; Nestlingsdauer 23–27 Tage. Familien halten 3–7 Wochen zusammen.

[N] Ameisen verschiedener Arten, auch andere Insekten; gelegentlich Regenwürmer und Schnecken sowie Beeren und Obst.

Die Jungen sind bald flügge.

Im Unterschied zu den Buntspechten sind Grün- und Grauspecht keine eigentlichen Hackspechte, sondern suchen ihre Nahrung vorwiegend am Boden. Der Grünspecht ist dabei der ausgeprägteste Spezialist für Ameisen unter unseren heimischen Spechten (mit Ausnahme des Wendehalses). Seine sehr schlanke, wurmförmige Zunge kann bis 10 cm vorgestreckt werden. Sie ist klebrig und an ihrer verhornten Spitze mit Widerhaken versehen.

Mit dem Schnabel werden trichterförmige Löcher in Ameisennester oder in weiche Baumstubben geschlagen, in die dann die Zunge hineinfährt. Die weichen Larven und Puppen bleiben an den Widerhäkchen hängen. Die härter chitinisierten Vollinsekten kleben wohl hauptsächlich an dem Speichelüberzug, der durch Zurückziehen der Zunge in die Mundhöhle ständig erneuert werden muß. Wie eine kleine Schlange gleitet die Spechtzunge durch die engen Gänge einer Ameisenburg. Eine ergiebige Futterquelle wird dabei sehr ausdauernd ausgebeutet und mitunter immer wieder angeflogen. Man hat beobachtet, daß Grünspechte auch sehr sicher Ameisennester unter dem Schnee finden, ja sogar 25–30 cm tiefen Schnee wegräumen oder längere Gänge durch den Schnee treiben. Bei einem Waldspaziergang kann man mitunter die Spuren der Arbeit der Grünspechte an einem Ameisenhaufen oder im Boden entdecken.

Für das Hacken im Holz scheint der Schnabel weniger gut geeignet zu sein. Daher bevorzugen Grau- und Grünspechte zur Anlage ihrer Bruthöhle oder auch ihrer Schlafhöhle im Winterhalbjahr bereits vorhandene Spechthöhlen und bauen sie noch etwas aus. Neue Höhlen werden ausschließlich in Weichhölzern angelegt und auch hier meist nur dort, wo bereits ein Fäulnisherd das Arbeiten erleichtert. Oft entdeckt man nicht fertiggestellte Höhlenanfänge; manche stammen vom Grünspecht.

Schwarzspecht

Dryocopus martius

[K] Knapp krähengroß und schwarz. ♂ mit rotem Scheitel von der Stirn bis zum Nacken, ♀ nur roter Nakkenfleck; Schnabel weißgelblich. Juv. mehr braunschwarz, ♂ sind schon am roten Oberkopf zu erkennen. ▪ Weithin hörbar ist der Flugruf, ein vielsilbiges »kürr-kürr-kürr ...« oder »krrü-krüü ...«. Ein abfallendes klagendes »kijäh« oder »kliööh« ist ebenfalls weit zu hören. Zur Fortpflanzungszeit hört man, jedoch weniger häufig als bei Grün- und Grauspecht, eine Reihe von raschen Lauten etwa »kwoih-kwih-kwih-kwih-kwikwikwi ...« (am Ende oft schneller werdend). Mit dieser Rufreihe wird Revier- und Höhlenbesitz angezeigt. ▪ Fliegt nicht wellenförmig wie andere Spechte, sondern schwerfällig wirkend mit raschen Schlägen; die Flugweise erinnert eher an einen Eichelhäher.

Spuren der Nahrungssuche (s. Text S. 141).

[V] Br. von Europa bis Ostasien; fehlt auf den Britischen Inseln sowie in weiten Teilen Spaniens, Italiens und Griechenlands. ▪ Bei uns verbreitet in großen Waldungen, im Norden Mitteleuropas und in Frankreich Tendenz der Zunahme und Arealerweiterung. Stand- und Strichvogel. ▪ Br. in großen Altholzbeständen mit großen, glattrindigen Stämmen (z. B. Buchen, alte Kiefern). Als Nahrungsgebiete aufgelockerte Nadel- und Mischwälder mit alten, kranken und abgestorbenen Bäumen sowie vermodernden Baumstümpfen wichtig.

[F] Nesthöhle vor allem in Buchen, aber auch Kiefern und seltener in anderen Bäumen wie Tanne, Fichte oder Lärche. ▪ Legebeginn frühestens ab Anfang April; 1 Jahresbrut. ▪ (2) 3–5 (6) weiße Eier. ▪ Beide Partner brüten (♂ meistens mehr) insgesamt 12–14 Tage; Nestlingszeit 27–28 Tage, manchmal länger.

[N] Vor allem Larven, Puppen und Vollinsekten von Ameisen und holzbewohnenden Käfern sowie viele andere Insekten.

Als größter einheimischer Specht ist der Schwarzspecht ein wichtiger Höhlenbauer für größere Höhlenbrüter des Waldes. Vor allem die Hohltaube ist gebietsweise ganz auf Schwarzspechthöhlen angewiesen.

Allerdings beziehen Schwarzspechte sehr gerne auch alte Höhlen, die sie nur etwas zu säubern brauchen. Ähnlich Grau- und Grünspecht hämmern auch sie manchmal nur Höhlenanfänge, die dann im Laufe der Jahre ausfaulen und dann leicht endgültig ausgebaut werden können.

Die Leistung beim Bau einer neuen Höhle ist ganz erstaunlich. Schwarzspechte benötigen zum Fertigstellen einer Bruthöhle in Weichhölzern etwa 14 Tage; in Buchen dauert es etwa 23–28 Tage. Beim Außenbau wechseln sich ♂ und ♀ meist zu gleichen Teilen ab, der Innenausbau ist meistens die Aufgabe des ♀. An Buchen sind bis zu 17 Schnabelhiebe notwendig, um einen einzigen Span zu lösen. Man kann sich die Gesamtleistung leicht ausrechnen, wenn man bedenkt, daß beim Bau einer Buchenhöhle etwa 10 000 Späne produziert werden; die größten sind 11 cm lang, 2 cm breit und 3–5 mm dick. Kiefernspäne können noch länger sein. Meist werden Serien von wenigen bis höchstens 20 Schlägen ausgeführt, im Höchstfall etwa 100 pro Minute.

Die Spuren der Nahrungssuche des Schwarzspechtes kann man leicht im Wald entdecken. Morsche Baumstrünke werden regelrecht zerhackt und insektenbefallene Bäume entrindet. Besonders auffällig sind die Spuren in kernfaulen Fichten. Meist beginnt der Specht am Grunde des Stammes und folgt der von unten aufsteigenden Rotfäule des Baumes nach oben. Die Löcher sind länglich und rechteckig, manchmal regelrechte lange Schlitze, die bis zu 1 m lang sein können. Sie führen bis zu den Nestkammern der im faulen Holz lebenden Ameisen und sind manchmal über 20 cm tief.

Bereits 1981, als vom Waldsterben zumindest in der Öffentlichkeit noch kaum die Rede war, haben die deutschen Vogelschutzverbände den

Schwarzspecht an der Bruthöhle in einer Buche. Als unser größter einheimischer Specht kann nur der Schwarzspecht mit seinem außerordentlich kräftigen Meißelschnabel regelmäßig seine Bruthöhle in das harte Buchenholz zimmern. Beim Klettern halten nicht nur die kräftigen Krallen den Vogelkörper; auch die besonders widerstandsfähigen Schwanzfedern stützen ihn ab. Mit ihren harten Federstrahlen verhindern sie ein Abrutschen.

Schwarzspecht zum Vogel des Jahres erwählt. Sie wollten damit auf einen besonders markanten Bewohner der Lebensgemeinschaft Wald aufmerksam machen, der gewissermaßen eine »Schlüsselfigur« darstellt. Insbesondere ist der Schwarzspecht Symbol für die auf Altholzbestände angewiesenen Tierarten, deren Fortbestand durch die moderne Waldbewirtschaftung gefährdet ist, da alte und morsche Baumstämme frühzeitig aus unseren Wäldern entfernt werden. Tiefgreifende Änderungen in unseren Wäldern werden die nächsten Jahre bringen.

Buntspecht

Picoides major

K Kleiner als Amsel. Auffallend schwarzweißer Specht (vgl. die folgenden Arten!). Schwarzer Rücken mit großen, weißen Schulterflecken; Unterseite grauweiß, Unterschwanzdecken rot. Am Kopf ist der durchgehende schwarze Bartstreif und schwarze Ohrstreif über die untere Ohrgegend bis zum Genick ein wichtiges Kennzeichen (vgl. Blutspecht). ♂ mit scharlachrotem Nakkenfleck, ♀ ohne Rot am Kopf. Juv. beider Geschlechter haben roten Vorderkopf. ▪ Häufigster Ruf ist ein kurzes »kix«, das bei Erregung in dichter Folge geäußert werden kann. Ferner aggressive »kreck«-Reihen sowie rauhe und schnarrende Laute bei Erregung. Schnurrendes Fluggeräusch. ♂ trommelt häufig mit langen Trommelserien im Frühjahr an guten Resonanzböden (abgestorbene Bäume, Blechdächer usw.); ♀ trommeln kürzer. Die Dauer der einzelnen Trommelwirbel relativ kurz (s. S. 154). ▪ An Bäumen und Masten häufig zu beobachten, dagegen – im Gegensatz zu den grünen Spechten – selten am Boden.

V Br. im Nadel- und Laubwaldgürtel Eurasiens; ostwärts bis Japan, Hinter- und Vorderindien. In Europa nur in Island, Irland und auf einigen Mittelmeerinseln fehlend. ▪ Bei uns häufigster und verbreitetster Specht. Stand-, seltener Strichvogel. Gelegentlich in Norddeutschland Invasionen nördlicher und östlicher Vögel. ▪ Br. in allen Laub- und Nadelwaldlandschaften; ferner in Parks, Feldgehölzen, Gärten, oft mitten in der Stadt und nahe an Häusern. Kommt im Winter auch an Futterstellen am Haus.

F Bruthöhle in Stämmen und starken Ästen, vorzugsweise in Weichhölzern. ▪ Legebeginn frühestens ab Mitte April; 1 Jahresbrut. Ersatzgelege kommen vor. ▪ (4) 5–7 (8) weiße Eier. ▪ ♂ brütet mehr als ♀; Brutdauer 10–12 Tage; Nestlingszeit 20–23 Tage. Schon über 1 Woche vor dem Ausfliegen hört man die Jungspechte in der Höhle lärmen.

N Vielseitiger als andere Spechte. Tierische Nahrung im Sommer, vor allem holzbewohnende Käfer und Schmetterlingslarven, daneben viele andere Insekten von Bäumen und Büschen. Im Frühjahr Blutungssaft der Bäume (s. unten) und im Winter fettreiche Samen, vor allem von Na-

Eben flügger Jungvogel (beachte rote Kappe).

delbäumen. Gelegentlich Nesträuber (Eier, kleine Jungvögel); im Winter an Futterstellen Fette.

Der Buntspecht ist nicht nur der verbreitetste, sondern auch der vielseitigste unter unseren einheimischen Spechten, vor allem was die Nahrungssuche anbelangt. Im Winter können gebietsweise die energiehaltigen Samen von Kiefern und Fichten, die zwischen den Zapfenschuppen verborgen sind, eine wichtige Bedeutung für die Ernährung gewinnen. Ernte und Bearbeitung der Zapfen stellen aber gewisse Probleme. Am leichtesten sind die kleinen Lärchenzapfen zu ernten, die einfach abgepflückt werden. Mehrere Hiebe sind nötig, um einen Kiefernzapfen von seiner Ansatzstelle zu lösen. Am schwierigsten ist der Transport der schweren unhandlichen Fichtenzapfen. Alle Zapfen werden grundsätzlich im Schnabel transportiert. Wegen der dadurch entstehenden Belastung werden die Zapfen meist nicht weit weggetragen, sondern möglichst bald an eine Stelle gebracht, an der sie weiter bearbeitet werden können.
Nicht selten werden die Zapfen einfach auf der nächstbesten Unterlage behämmert. Das Problem liegt aber darin, den Zapfen so zu fixieren, daß er den Schnabelschlägen nicht dauernd ausweichen kann. Dies geschieht in sogenannten Schmieden. Im einfachsten Fall ist eine Buntspechtschmiede eine kleine Astgabel, eine Rindenspalte oder ein Riß im Holz. Der mitgebrachte Zapfen wird darin eingeklemmt. Buntspechte scheinen eine recht genaue Vorstellung darüber zu haben, wie groß die Öffnung einer solchen Schmiede sein muß, um einen Zapfen fest einzuklemmen.
Gelingt das Fixieren des herbeigeschleppten Zapfens jedoch nicht zur Zufriedenheit, dann wird zunächst einmal die Unterlage entsprechend präpariert und mit dem Schnabel bearbeitet. Man kann fast von einer »Werkzeugherstellung« sprechen, denn Spalten, Ritze oder ausgefaulte Löcher im Baumstamm werden auf

Buntspecht an der Zapfenschmiede (oben); nachdem die Samen geerntet sind, werden die Zapfen herausgeworfen (unten).

Männchen füttert fast flügge Junge.

die Größe des zu bearbeitenden Objektes regelrecht zugerichtet. Während der Arbeit an der Zapfenschmiede klemmt der Buntspecht den Zapfen oft zwischen seiner Brust und der Unterlage ein, um den Schnabel für die Zurichtung der Schmiede frei zu haben. Erst wenn alles stimmt, wird der Zapfen eingepaßt und mit zielgerechten Hackschlägen meist von der Spitze her aufgeschuppt.

Um an möglichst viele der zwischen den Schuppen liegenden Samen heranzukommen, muß der Specht von Zeit zu Zeit den Zapfen wenden und wieder neu in die Schmiede einsetzen. 60–98% der in einem Zapfen enthaltenen Samen können auf diese Weise vom Specht genutzt werden.

Natürlich ist es sinnvoll, einmal hergerichtete Schmieden immer wieder zu benützen. Bei besonders günstigen Schmieden hat man schon bis zu 3000 Kiefern- oder über 1400 Fichtenzapfen innerhalb eines Winters gefunden. Nicht selten besitzen Buntspechte aber auch verschiedene Schmiedestellen in ihrem Winterrevier. Das ist sinnvoll, um die Transportwege von zapfentragenden Bäumen nicht zu lang werden zu lassen. Der aufmerksame Spaziergänger kann vor allem im Winter nicht selten Zapfenschmieden finden. Gelegentlich werden aber auch Nüsse oder andere hartschalige Früchte in solchen Schmieden geöffnet. Man hat im Vergleich ermittelt, daß die etwas umständlich anmutende Benutzung von Schmieden dem Specht eine optimale Ausnützung des Nahrungsangebotes ermöglicht. Buntspechte können auf diese Weise einen Zapfen viel besser ausnutzen als beispielsweise Kreuzschnäbel, die ja auch von Fichtensamen leben (Band 1, S. 155).

Eine weitere Merkwürdigkeit im Nahrungserwerb des Buntspechts ist das Ringeln. Dabei werden waagerechte oder seltener schraubenförmige Linien in die Rinde verschiedener Bäume geschlagen. Bei kleineren Bäumen reichen diese Ringe um den ganzen Stamm herum, bei größeren oft nur zum Teil. Die einzelnen Linien bestehen aus vielen nebeneinander gesetzten Einschlägen in etwa 3–5 cm Abstand. Die einzelnen Löcher reichen durch die Rinde bis zum Splintholz. Besonders häufig werden in Mitteleuropa in tieferen Lagen Linde, Ulme oder Eichen geringelt, in den Gebirgswäldern vor allem Kiefern und Fichten; in Nordeuropa spielt die Birke eine wichtige Rolle.

Durch die Ringellöcher tritt der im Frühjahr aufsteigende Baumsaft aus, den die Spechte regelrecht trinken. Wenn die Bäume im Frühjahr »im Saft stehen«, kommen die Buntspechte immer wieder auch zu alten Ringelbäumen, um die in früheren Jahren geschlagenen Löcher neu zu

Vom Buntspecht aufgehackter Meisenkasten.

öffnen. Gegen den Sommer verlieren sie dann in der Regel das Interesse an ihren Ringen. Manchmal bilden sich an Bäumen, die über viele Jahre hinweg immer wieder von Buntspechten aufgesucht werden, dicke, ringförmige Wulste. Vielleicht erbeuten die Spechte auch gelegentlich Insekten, die an dem austretenden klebrigen Baumsaft hängenbleiben. Auch andere Waldvögel ziehen gelegentlich von den Spechtringen Nutzen, indem sie Insekten ablesen.

Das Lernvermögen der Buntspechte ist erstaunlich und für Singvogelfreunde nicht immer erfreulich. In manchen Gegenden sind sie nämlich ausgesprochene Nestplünderer geworden. Dabei haben sie gelernt, auf akustische Reize hin Nistkästen und Baumhöhlen zu öffnen. Wie unsere Abb. (oben) zeigt, wird dabei häufig nicht das Flugloch erweitert, sondern daneben oder gar tiefer ein Loch geschlagen, etwa da, woher die Bettelrufe der Jungen kommen. Eine spechtsichere Vorderwand um das Einflugloch nützt also nichts; der ganze Kasten muß aus festem Material sein. In vielen Gebieten kümmern sich Buntspechte allerdings überhaupt nicht um Nistkästen und ihre Bewohner. Doch führen anderswo die vielfältigen Methoden des Nestraubes durchaus zu einer Bereicherung des Speisezettels.

Blutspecht

Picoides syriacus

K Dem Buntspecht sehr ähnlich, doch ist bei ♂ und ♀ das weiße Kopf- und Halsseitenband nicht unterbrochen. Unterschwanzdecken und Bauch sind nur blaßrosa gefärbt. Zwischen Bunt- und Blutspecht treten auch Bastarde auf! ■ Stimme ähnlich Buntspecht, der häufigste Einzelruf klingt aber mehr wie »güg« oder »püg«, also weicher; bei Übung sind die beiden Arten gut zu unterscheiden.

V Br. vom Iran bis Österreich, Tschechoslowakei. ■ Erst seit den 30er Jahren in Ungarn als Br. nachgewiesen, mindestens seit 1950 in Österreich eingewandert und etwa zur gleichen Zeit in die CSSR. In der Bundesrepublik bis jetzt noch nicht sicher nachgewiesen (nur Bastarde mit Buntspecht); Einzelbeobachtungen bereits in der DDR. ■ Br. vor allem im Kulturland, in Auen, Parks, Friedhöfen, Weiden und Obstgärten; fehlt im Wald.

Blutspecht-Männchen. Wichtige Unterscheidungsmerkmale gegenüber dem sehr ähnlichen Buntspecht: Weiße Halsseite nicht durch Schwarz unterbrochen (vgl. die Abb. S. 143 oben), Unterschwanz heller rot (vgl. die Abb. S. 144 oben).

Mittelspecht

Picoides medius

[K] Knapp buntspechtgroß; schwarzer Rücken mit kleinen Schulterflekken. In allen Kleidern rote Kopfplatte ohne schwarze Einfassung – wie bei jungen Buntspechten. Helle Kopfseiten, der schwarze Bartstreif endet schon unter dem Auge; schwarzer Streif hinter dem Ohr unvollständig. Kropf- und Brustseiten dunkel längsgestrichelt; Unterschwanzdecken und Bauch nach vorne allmählich verlaufend rosa. ♂ und ♀ so gut wie gleich gefärbt. Bei juv. Gefiedermuster verwaschener und weniger rot am Oberkopf. ▪ Die Einzelrufe »güg« sind nicht oft zu hören. Am häufigsten ist eine Rufreihe wie »geg-geggeg...« (das ganze Jahr über). Ein klagendes Quäken »quää« ist am auffälligsten, jedoch meist nur von Januar bis Juni, besonders häufig im Frühjahr zu hören. Trommelt in der Regel nicht!

[V] In der Laubwaldzone Europas. Fehlt in Island, auf den Britischen Inseln, fast ganz in Fennoskandien sowie in großen Teilen Spaniens und auf vielen Mittelmeerinseln. ▪ Bei uns Br. im Tiefland; gebietsweise fehlend. Zieht warme Gegenden vor. Teilweise Abnahme; stark bedroht. Stand- und Strichvogel. ▪ Bevorzugt als Br. Eichenwälder; bei uns oft in der Hartholzaue oder in artenreichen Laubmischwäldern anzutreffen, dort wo die Bäume nicht zu dicht stehen. In der Nähe von Eichenbeständen auch in Parks, Villenvierteln, Obstgärten und in abwechslungsreichen Waldgebieten. Benötigt zum Überwintern ein artenreiches Angebot an Kleintieren.

[F] Bruthöhle in Stämmen oder starken Ästen von Laubhöhlen, meist in geschädigtem oder ausgefaultem Holz. ▪ Legebeginn meist ab Mitte April; 1 Jahresbrut. ▪ (4) 5–6 und manchmal auch mehr weiße Eier. ▪ ♂ brütet mehr als das ♀; Brutdauer 11–14 Tage; Nestlingszeit 20–23 Tage.

[N] Vor allem zweig- und blattbewohnende Insekten, weniger holzbohrende Arten. Im Herbst und Winter aber auch pflanzliche Nahrung wie Eicheln, Walnüsse, Bucheckern und – weniger als der Buntspecht – Samen von Nadelhölzern. Am Futterplatz auch Fette, Hanf- und Sonnenblumenkerne.

Mittelspechte sind recht anspruchsvoll an ihren Lebensraum und daher bei uns viel seltener und weniger weit verbreitet als der sehr ähnliche Buntspecht. Mildes Klima und reich gegliederte Laubwälder, vor allem Eiche, sind Voraussetzung für eine dauerhafte Ansiedlung. Mittelspechte sind nämlich nicht ganz so vielseitig in der Nahrungssuche wie Buntspechte und das macht sich vor allem im Winter bemerkbar.
In Wäldern der Schweiz, in denen Bunt- und Mittelspecht nebeneinander vorkommen, hat sich herausgestellt, daß Mittelspechte viel weniger ausdauernd und kräftig hacken und ihnen daher holzbewohnende Insekten gerade zur kalten Jahreszeit, im Gegensatz zum kräftigeren Buntspecht, kaum zur Verfügung stehen.

Mittelspechte stochern lieber in feinen Ritzen oder sammeln Kleintiere und ihre Larvenstadien von Ästen und Zweigen ab. Im Winter ergaben sich in einem Schweizer Untersuchungsgebiet z. B. als Anteile für das Hacken beim Buntspecht 84%, beim Mittelspecht nur 6%. Umgekehrt machte das Stochern in feine Höhlungen und Ritzen beim Buntspecht nur 10% der Nahrungssuche aus, beim Mittelspecht dagegen 87%. So unterschiedlich kann also die Lebensweise nahe verwandter und sehr ähnlicher Vogelarten sein.

Aber auch in der Frage, welche Rolle die einzelnen Teile eines Baumes bei der Nutzung des Nahrungsangebotes spielen, ergeben sich für Bunt- und Mittelspecht gewaltige Unterschiede. Mittelspechte suchen häufiger als Buntspechte am Stamm Nahrung und in den unteren Bereichen der Baumkrone. Äste mit einem Durchmesser von über 10 cm werden vom Mittelspecht häufiger aufgesucht, weil er hier offenbar mehr Unregelmäßigkeiten, Löcher und Ritzen findet, in denen er stochern kann. Buntspechte dagegen bearbeiten auch Äste kleineren Durchmessers mit Erfolg.

Die Taktik des Mittelspechtes, zu stochern und abzuklauben, bedingt auch, daß er sehr viel beweglicher sein muß als der Buntspecht, um in einer bestimmten Zeiteinheit ausreichend Nahrung zu gewinnen. Buntspechte können dagegen länger an einem Ort verweilen, müssen aber den Betrag der Energie, die der Mittelspecht beim häufigeren Ortswechsel verbraucht, sicher für die kräftigen Hackbewegungen einsetzen, durch die sie an holzbewohnende Insekten und deren Larven herankommen.

Auch die Mittelspechte benutzen Schmieden, wenn sie an den Inhalt von hartschaligen Früchten und Samen herankommen wollen. Sie verstehen es allerdings nicht wie die Buntspechte, Schmieden für die Größe des Objektes herzurichten.

Mittelspecht-Männchen.

Buntspecht-Männchen.

Weißrückenspecht

Picoides leucotos

K Etwas größer als Buntspecht, sonst sehr ähnlich. Schwarze Oberseite, jedoch quergestreift. Kein großer, weißer Schulterfleck. Weißes Hinterrücken- und Bürzelfeld wird im Sitzen normalerweise von den dunklen Flügeln verdeckt, kann aber kurzfristig durch Lüpfen der Flügel sichtbar werden. Unterseite sehr ähnlich Mittelspecht: Rosa Unterschwanzdecken und Bauch, an den Seiten schwarze Längsstrichelung (an der Vorderbrust besonders kräftig) und Ansatz eines dunklen Halsbandes. Im Unterschied zum Mittelspecht kräftiger schwarzer Bartstreif bis vor das Auge. ♂ mit roter Kopfplatte, die bis in den Nacken reicht, ♀ dunkle Kopfplatte. Juv. graurotes bis rosa Scheitelfeld, das aber kaum über die Kopfmitte hinausreicht. ▪ Einzelrufe leise, weiche »güg« oder »kjük«, deutlich tiefer und auch gedämpfter als Buntspecht. ♂ und ♀ trommeln mit auffallend langen Wirbeln, deren Schläge gegen das Ende hin zunehmend rascher aufeinanderfolgen. ▪ Meist recht scheu und heimlich und daher meist schwer zu entdecken.

V Br. von Osteuropa bis Ostasien. Isolierte Vorkommen in den Abruzzen, Pyrenäen und auf Korsika. ▪ Bei uns Br. der Ostalpen und des Böhmerwaldes. Bestand sehr klein und daher stark bedroht. Standvogel. ▪ Br. in naturnahen Laub- und Mischwäldern mit hohem Anteil von Altholz und absterbenden Bäumen. Bei uns nur in Bergwäldern.

F Nesthöhle fast nur in abgestorbenen oder stark vermorschten Stämmen oder Ästen, vorwiegend im Laubholz. ▪ 3–5 weiße Eier. ▪ ♂ und ♀ brüten 14–16 Tage; Nestlingszeit 27–28 Tage.

Weißrückenspecht-Weibchen mit Käferlarven an der Bruthöhle; die verdorrten Blätter lassen erkennen, daß der Höhlenbaum bereits krank ist.

N Vor allem holzbewohnende Larven, größere Insekten; im Sommer werden auch von Zweigen und Blättern freilebende kleine Insekten abgelesen. Daneben pflanzliche Nahrung, z.B. Vogelkirschen, Schlehen, Haselnüsse usw.

Beobachtungen des sehr scheuen und schwer aufzufindenden, seltenen Weißrückenspechtes in unseren Bergwäldern gehören zu den besonderen ornithologischen Erlebnissen einer Bergtour. Wie gering die Siedlungsdichte dieses spezialisierten Stammkletterers selbst in urwüchsigen oder naturnahen Waldbeständen ist, mögen die Ergebnisse eingehender Spechtforschungen im Nationalpark Bayerischer Wald zeigen. Auf einer Fläche von 13041 ha wurden hier nach gründlicher Untersuchung nur 5–8 Brutpaare des Weißrückenspechtes festgestellt. Im selben Gebiet brüteten aber z.B. 145–149 Buntspecht-, 50–71 Dreizehenspecht- und immerhin noch 23–35 Schwarzspechtpaare. Wegen seiner Größe beansprucht letzterer auch die größten Reviere.
Nach allem was wir über die Lebensweise des Weißrückenspechtes wissen, hat er im modernen Wirtschaftswald keine Chance. Sein Schicksal liegt also ganz in den Händen der Forstwirtschaft. Nur dort, wo Wälder extensiv genutzt werden oder als Schutzwälder überhaupt keiner forstwirtschaftlichen Nutzung mehr unterliegen, kann man damit rechnen, daß Weißrückenspechte überleben. Ihre Lebensräume müssen einen hohen Anteil an toten und abgestorbenen Bäumen aufweisen. Bruthöhlen werden fast nur in morschen, zerbrochenen oder abgestorbenen Stämmen angelegt, manchmal auch in Bäumen, die gar nicht mehr allein stehen können, sondern als ausgefaulte Ruinen im dichten, urwaldähnlichen Bestand zwischen gesunden Stämmen hängenbleiben. Höhlenbäume stehen fast nur im Mischwald. Auch zur Nahrungssuche ist ein hohes Totholzangebot Voraussetzung. Dabei brauchen nicht nur naturnahe Bestände vorhanden zu sein. Die Untersuchungen im Bayerischen Wald haben nämlich gezeigt, daß Fichtenbaumhölzer des Wirtschaftswaldes zum Nahrungserwerb genutzt werden können, wenn in sehr dichten und lichtarmen Beständen

Weißrückenspecht-Männchen.

genügend abgestorbene oder absterbende Stämmchen vorhanden sind.
Der Wald wird heute vor allem dort nicht forstwirtschaftlich genutzt, wo er an steilen Hängen steht. Hier kann das geschlagene Holz oft nur sehr schwierig abtransportiert werden. Doch nicht alle Hanglagen sind beliebt: Weißrückenspechte siedeln vorzugsweise an sonnenbestrahlten süd- bis südwestexponierten Hängen; an kalten Nordhängen fehlen sie so gut wie ganz. Damit bleiben meist nur kleine Flächen übrig.

Kleinspecht

Picoides minor

K Kaum größer als Spatz; mit Abstand unser kleinster Kletterspecht. Rücken schwarzweiß gebändert, ohne weiße Schulterflecken. ♂ mit roter, ♀ mit kleiner, weißer Stirnplatte. Unterseite ohne Rot. Juv. mit bräunlichweißem, nach hinten nicht scharf abgegrenzten Scheitelfeld. ■ Am weitesten hörbar ist eine an den Turmfalken erinnernde, hohe Rufreihe wie »kikiki ...«, die man das ganze Jahr über, im Frühjahr jedoch am häufigsten hört. Leise Einzelrufe wie »kik« ähnlich dem Buntspecht, aber feiner und selten zu hören. ♀ und ♂ trommeln hell klingende Wirbel, die man recht gut von denen anderer Spechte unterscheiden kann. ■ Die Rufreihe ist das wichtigste Merkmal bei der Entdeckung; der kleine heimliche Specht fällt optisch wenig auf.

V Br. in Europa und Asien; ostwärts bis Japan. ■ Bei uns vor allem in der Tiefebene weit verbreitet, doch nirgends häufig; im Mittelgebirge und in den Alpentälern nur lokal. ■ Br. in parkartigen und lichten Laub- und Mischwäldern, bevorzugt in Weichhölzern. Typische Lebensräume sind Auwälder, feuchte Erlen- und Hainbuchenwälder, Parks; dann auch Villen- und Hausgärten mit alten Bäumen sowie Obstgärten mit Hochstämmen. In dichten, geschlossenen Wäldern fehlt er.

F Bruthöhlen in totem oder morschem Holz, nicht selten auch in einem stärkeren Seitenast. ■ Legebeginn Ende April bis Mitte Mai; 1 Jahresbrut. ■ Gelege 4 (5–6) Eier. ■ Brutdauer 10–12 Tage; Hauptanteil an der Bebrütung hat das ♂. Nestlingszeit 19–21 Tage.

N Im Sommer besonders Insekten, die von Blättern und Zweigen abgelesen werden (z.B. Blattläuse!). Winternahrung besteht vor allem aus Insekten, die unter der Rinde überwintern. Pflanzliche Nahrung nur ausnahmsweise, z.B. im Winter Sonnenblumenkerne an Futterplätzen.

In der Regel spielen Baumhöhlen für unsere Spechte nicht nur als Brutstätten eine wichtige Rolle. Fast immer werden auch, vor allem für das Winterhalbjahr, Schlafhöhlen aufgesucht, die ganz ähnlich gegenüber Artgenossen und Konkurrenten verteidigt werden wie die Bruthöhlen. Daher sind unsere meisten Spechte auch im Winter regelrechte Einzelgänger. Man sieht sie nie wie andere Waldvögel in größeren Trupps, höchstens in Familienverbänden in der Zeit nach dem Ausfliegen der Jungen.

Kleinspechte allerdings schließen sich im Herbst und Winter gelegentlich gemischten Kleinvogelschwärmen an und zigeunern zusammen mit Baumläufern, Goldhähnchen, Laubsängern, Buchfinken oder Meisen herum. Sie kommen im Winter mit solchen Kleinvogelschwärmen auch gelegentlich an Futterstellen. Zur Übernachtung während der Herbst- und Wintermonate zimmern sich Kleinspechte eigene Schlafhöhlen; gelegentlich nehmen sie mit einem Nistkasten vorlieb.

Höhlenkonkurrenz macht dem Kleinspecht gelegentlich sehr zu schaffen, denn seine Bruthöhlen passen natürlich auch so recht für viele unsere höhlenbrütenden Kleinvögel. Der Hauptfeind ist die Kohlmeise, die von Kleinspechten oft in heftigen Sturzflügen im Kampf um die Höhle angegriffen wird. Auch gegen Trauerschnäpper, Haus- und vor allem Feldsperling muß er sich durchsetzen. Bei Auseinandersetzungen mit Staren entstehen dagegen schon große Schwierigkeiten, doch behält der winzige Kleinspecht auch hier manchmal die Oberhand.

Anfang oder Mitte April beginnen ♂ und ♀ mit dem Höhlenbau, der schon mitunter nach 12–16 Tagen abgeschlossen sein kann. Meist ist der Arbeitsanteil des ♂ größer als jener des ♀. Natürlich kommt für den zarten Specht nur weiches oder morsches bzw. totes Holz für den Höhlenbau in Frage. Vor allem alte Laubbäume genügen seinen Anforderungen am besten, wie Weiden, Pappeln, Erlen, Birken, Roßkastanien, Eschen, Obstbäume, aber auch Harthölzer, wenn sie entsprechend morsch und faul sind (Eiche, Buche). Nur ganz selten findet man eine Kleinspechthöhle in einem Nadelbaum. Das fast kreisrunde kleine Einschlupfloch hat einen Durchmesser von etwa 32 mm, entspricht also genau dem Einschlupfloch vieler Meisenkästen. Allerdings nehmen Kleinspechte nur ganz ausnahmsweise einmal einen Nistkasten zur Brut an. Im Unterschied zu den anderen Spechten findet man Kleinspechthöhlen nicht selten auch in einem großen Seitenast, der sogar mehr oder minder waagrecht sein kann. Die Höhle liegt dann immer auf der Unterseite.

Im Sommer lesen Kleinspechte Blätter und Zweige nach Insekten und Insektenlarven ab. Im Winter allerdings müssen sich die Spechte auf holzbohrende Larven umstellen und versuchen, auch unter toten Rindenstücken überwinternde Insekten zu erbeuten.

Kleinspecht-Weibchen.

Kleinspecht-Männchen.

Alle unsere heimischen Spechte zeigen wenig Wanderneigung. Gleichwohl kann man sie gelegentlich weitab von den Brutplätzen antreffen, am ehesten nach der Familienauflösung. So wurden Kleinspechte schon auf Nordseeinseln nachgewiesen.

Dreizehenspecht

Picoides tridactylus

K Kleiner als Amsel; schwarzweißer Specht ohne Rot. Flügel einfarbig dunkel, ohne weiße Schultern. Auf der Rückenmitte jedoch ein breites, weißes Längsband, das dunkel gezeichnet sein kann. 2 breite V-förmige Bänder stoßen am Nacken zusammen. Kopfseiten mit schwarzweißem Streifenmuster; helle Körperseiten kräftig schwarz quergebändert. Kopfplatte des ♂ gelb, beim ♀ schmutzig weiß bis schwarz. Juv. weniger kontrastreich gezeichnet. ■ Wenig ruffreudig; Einzelrufe weich und gedämpft wie »güpp«,

Von Spechten geringelte Tanne.

auch kurze Rufreihen. ♂ und ♀ trommeln ratternd, die Wirbel sind länger als beim Buntspecht, wobei die letzten Schläge meist beschleunigt werden (s. S. 154). ■ In Bergwäldern oft recht vertraut, wenig scheu (im Gegensatz zum Weißrückenspecht).

V Br. im nördlichsten Nordamerika und in den Rocky Mountains bis Arizona; ferner Eurasien, Skandinavien bis Japan. Sonst in Europa nur Gebirgsvogel. ■ Bei uns nicht seltener Br. in den Alpen und auch in den Hochlagen des Bayerischen und Böhmerwaldes. Im Schwarzwald seit langer Zeit ausgestorben. Bedroht. Standvogel. ■ Br. vor allem in Bergfichtenwäldern mit Beimischungen von Bergkiefer, Tanne, Arve. Obwohl ausgesprochener Fichtenspecht, ist die Art nicht in die künstlich angepflanzten Fichtenwälder der Ebenen eingewandert. In den Alpen beginnt das Brutgebiet meist erst mit rund 700 m und reicht bis 1600 m, selten höher (z. B. Schweiz).

F Nesthöhle fast nur in Nadelbäumen. ■ Legebeginn ab Mitte Mai. ■ 3–6 weiße Eier. ■ Brutdauer etwa 11 Tage; beide Partner brüten, allerdings das ♂ mehr. Nestlingszeit mindestens 20 Tage. Die Jungen werden noch lange nach dem Ausfliegen betreut und gefüttert.

N Vorwiegend Insekten, vor allem Käfer, Larven und Puppen unter der Rinde. Baumsaft wichtige Nahrung im Frühsommer.

Im Unterschied zu den anderen Buntspechten, die häufig auch alte Höhlen wieder zu einer neuen Brut benützen, zimmert der Dreizehenspecht so gut wie jedesmal seine Höhle neu. Damit wird er zu einem wichtigen Höhlenbauer für andere Bergwaldvögel. So bezieht z.B. der Sperlingskauz (s. S.106) sehr gern ehemalige Dreizehenspechthöhlen. Für den Rauhfußkauz sind sie allerdings normalerweise zu klein.
Auch Dreizehenspechte sind ausgesprochene Ringelspechte. Im Bergwald findet man häufig frische Baumringe (s. Buntspecht). Im Unterschied zum Buntspecht werden aber vorwiegend Nadelbäume, in erster Linie Fichten, aber auch Bergkiefern, Zirben und Lärchen, vereinzelt offenbar sogar Tannen, geringelt. Die vom Specht geschlagenen Ringe beginnen oft schon 1 m über dem Boden und reichen bis hoch hinauf in die Krone. Nicht immer sind die Ringe rund um den ganzen Baum herum angelegt, sondern manchmal nur als Halbringe. Ihr Abstand beträgt normalerweise 6–15 cm. Die Einschläge liegen meist 1–2 cm auseinander.
Etwa Mitte April, wenn in den Bäumen der Saft aufsteigt, beginnt die Ringeltätigkeit. Im Unterschied zum Buntspecht aber dauert sie bis in den September hinein an. Das hat zur Vermutung geführt, daß Dreizehenspechte vielleicht auch Harz, das aus diesen Wunden fließt, aufnehmen. Die Ernährung durch Baumsaft im Frühjahr spielt offenbar eine ganz große Rolle. Alte Ringellöcher werden unter Umständen sehr ausdauernd kontrolliert und dabei auch gleich wieder neue in die Rinde geschlagen. In der Schweiz hat man im Aktionsbereich eines einzigen Paares auf 20 ha nicht weniger als 28 Ringelbäume gezählt.

Männchen an der Bruthöhle.

Wie auch andere einheimische Spechte leben Dreizehenspechte fast das ganze Jahr in Revieren, wobei Paare oft standorttreu am gemeinsamen Territorium festhalten können. Die Aktionsgebiete einzelner Paare können aber im Bergwald sehr groß sein und liegen nach Untersuchungen in der Schweiz zwischen 48 und 200 ha. ♂ und ♀ suchen allerdings während der Brutzeit getrennt voneinander in verschiedenen Teilen des gemeinsamen Reviers Nahrung für die Jungen.
Zwischen ♂ und ♀ besteht das ganze Jahr über eine sehr ausgeprägte Teilung des Lebensraumes. Die ♂ scheinen in der Regel die stärkeren zu sein und suchen sich die optimalen Teile des Waldes für die Nahrungssuche. Eine derartige ökologische Trennung zwischen den beiden Geschlechtern ist wohl lebenswichtig, um eine riskante Konkurrenzsituation zu vermeiden, vor allem in nordischen Wäldern.

Sonagramme über das »Trommeln« der Spechte.

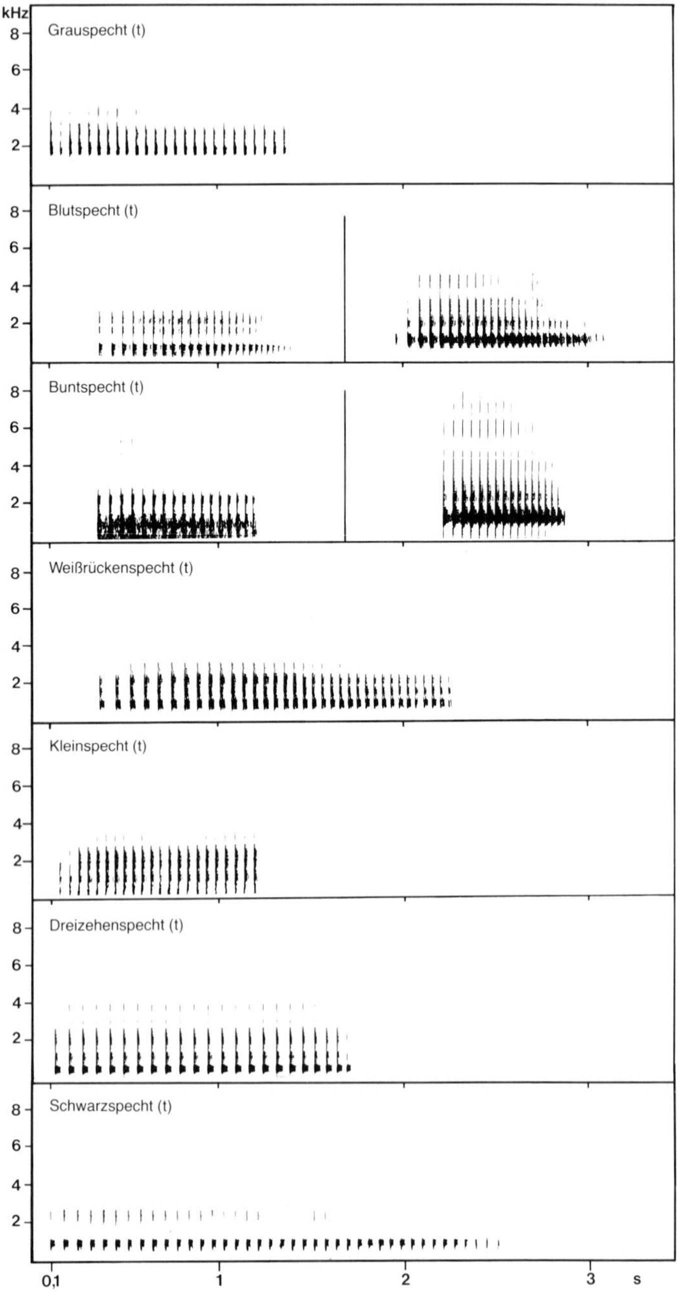

Literatur (s. auch Band 1, S. 186)

Bergmann, H.-H. u.a. (1978): Das Haselhuhn. Neue Brehm-Bücherei. A. Ziemsen Verlag, Wittenberg.

Bergmann, H.-H. & H.-W. Helb (1982): Die Stimmen der Vögel Europas. BLV Verlagsgesellschaft, München, Wien, Zürich.

Bezzel, E. (1977): Ornithologie. Uni-Taschenbücher Nr. 681. Eugen Ulmer Verlag, Stuttgart.

Bezzel, E. & B. Gidstam (1978): Vögel. BLV Verlagsgesellschaft, München, Wien, Zürich.

Brown, L. (1979): Die Greifvögel. Ihre Biologie und Ökologie. Verlag Paul Parey, Hamburg und Berlin.

Brüll, H. (1984): Das Leben europäischer Greifvögel. Verlag Gustav Fischer, Stuttgart.

Ellenberg, H. (1981): Greifvögel und Pestizide. Ökol. d. Vögel. Band 3, Sonderheft.

Fischer, W. (1980): Die Habichte. Neue Brehm-Bücherei. A. Ziemsen Verlag, Wittenberg.

Glutz v. Blotzheim, U., K. Bauer & E. Bezzel (1971): Handbuch der Vögel Mitteleuropas. Band 4: Falconiformes. Band 5: Galliformes, Gruiformes. Akademische Verlagsgesellschaft, Wiesbaden.

Glutz v. Blotzheim & K. Bauer (1980): Handbuch der Vögel Mitteleuropas. Band 9: Columbiformes-Piciformes. Akademische Verlagsgesellschaft, Wiesbaden.

Immelmann, K. (1982): Wörterbuch der Verhaltensforschung. Verlag Paul Parey, Hamburg.

Mikkola, H. (1983): Owls of Europe. Verlag T. & A. D. Poyser, Calton (England).

Ortlieb, R. (1979): Die Sperber. Neue Brehm-Bücherei. A. Ziemsen Verlag, Wittenberg.

Ortlieb, R. (1980): Der Rotmilan. Neue Brehm-Bücherei. A. Ziemsen Verlag, Wittenberg.

Piechocki, R. (1982): Der Turmfalke. Neue Brehm-Bücherei. A. Ziemsen Verlag, Wittenberg.

Porter, R. F. u.a. (1981): Flight Identification of European Raptors. Verlag T. & A. D. Poyser, Calton (England). 3. Aufl.

Rheinwald, G. (1982): Brutvogelatlas der Bundesrepublik Deutschland. Dachverband Deutscher Avifaunisten, Lengede.

Scherzinger, W. (1976): Rauhfuß-Hühner. Nationalpark Bayerischer Wald. Heft 2. München, Bayer. Staatsmin. Ernährung, Landwirtschaft, Forsten.

Scherzinger, W. (1982): Spechte. Nationalpark Bayerischer Wald. Heft 9. München, Bayer. Staatsmin. Ernährung, Landwirtschaft, Forsten.

Schmid, G. & U. Glänzer (1980): Birkhuhn-Symposium 1979. Beihefte Veröff. Naturschutz Landschaftspflege Baden-Württemberg 16. Karlsruhe, Landesanstalt für Umweltschutz.

Schmid, G. & J. Hölzinger (1981): Artenschutzsymposium Schwarzspecht. Beihefte Veröff. Naturschutz Landschaftspflege Baden-Württemberg 20. Karlsruhe, Landesanstalt für Umweltschutz.

Schönn, S. (1978): Der Sperlingskauz. Neue Brehm-Bücherei. A. Ziemsen Verlag, Wittenberg.

Trommer, G. (1983): Greifvögel. Verlag Eugen Ulmer, Stuttgart. 3. Aufl.

Weick, F. (1980): Die Greifvögel der Welt. Verlag Paul Parey, Hamburg und Berlin.

Weitnauer, E. (1983): »Mein Vogel«. Aus dem Leben des Mauerseglers Apus apus. Basell. Natur- und Vogelschutzverband, Oltingen.

Wolters, H. E. (1975–1982): Die Vogelarten der Erde. Verlag Paul Parey, Hamburg und Berlin.

Adressen

Ala. Schweizerische Gesellschaft für Vogelkunde und Vogelschutz, c/o M. Güntert, Winterthurerstr. 190, CH-8057 Zürich

Dachverband Deutscher Avifaunisten, c/o M. Harengerd, Auf der Horst 14, 4400 Münster (Viele regionale vogelkundliche Gesellschaften sind in diesem Verband zusammengeschlossen.)

Deutsche Ornithologen-Gesellschaft, c/o Dr. D. S. Peters, Senckenberganlage 25, 6000 Frankfurt

Deutscher Bund für Vogelschutz, Achalmstr. 33, 7014 Kornwestheim (mit Landesverbänden)

Deutscher Jugendbund für Naturbeobachtung, Buchenstr. 18, 2000 Hamburg 60

Forschungsinstitut Senckenberg, Senckenberganlage 25, 6000 Frankfurt/M.

Institut für Vogelforschung (»Vogelwarte Helgoland«), An der Vogelwarte 21, 2940 Wilhelmshaven-Rüstersiel (mit Außenstellen auf 2192 Helgoland, Inselstation, Postfach 1220 und in Braunschweig, Bauernstr. 14, 3302 Cremlingen 1

Institut für Vogelkunde, Gsteigstr. 43, 8100 Garmisch-Partenkirchen (zuständig für Bayern)

Internationaler Rat für Vogelschutz, Deutsche Sektion, c/o Dr. G. Rheinwald, Museum Alexander Koenig, Adenauerallee 150–164, 5300 Bonn

Landesanstalt für Ökologie, Landschaftsentwicklung und Forstplanung, Ägidiusstr. 94, 4300 Essen 1

Landesanstalt für Umweltschutz Baden-Württemberg, Inst. für Ökologie und Naturschutz, Bannwaldallee 32, 7500 Karlsruhe 21

Landesbund für Vogelschutz in Bayern, Johann-Friedrich-Str. 12, 8543 Hilpoltstein

Niedersächsisches Landesverwaltungsamt. Naturschutz, Landschaftspflege, Vogelschutz, Postfach 107, 3000 Hannover 1

Österreichische Gesellschaft für Vogelkunde, Burgring 7, A-1010 Wien

Schweizerische Vogelwarte, CH-6204 Sempach

Staatliche Vogelschutzwarte für Hessen, Rheinland-Pfalz und Saarland, Steinauer Str. 44, 6000 Frankfurt/M. 61

Staatliche Vogelschutzwarte Hamburg, Hamburger Str. 45, 2000 Hamburg 76

Staatliche Vogelschutzwarte Schleswig-Holstein, Olshausenstr. 40–60, 23 Kiel

Verband Schweizerischer Vogelschutzvereine (VSV), Fliederweg 2, CH-6430 Ibach

Verein Jordsand zum Schutze der Seevögel, 2070 Ahrensdorf

Vogelwarte Radolfzell, 7760 Radolfzell-Möggingen

Zoologische Staatssammlung, Postfach 650020, 8000 München 65 (ab Sommer 1984)

Zoologisches Forschungsinstitut und Museum Alexander Koenig, Adenauerallee 150–164, 5300 Bonn

Register

Fett gedruckte Seitenzahlen verweisen darauf, auf welcher Seite die betreffende Art ausführlich und mit Bild abgehandelt ist.

Vogelnamen

Sachwortverzeichnis